ユーキャンの

子どもの発達なんでも大百科

[監修]
鈴木 洋
鈴木 みゆき

はじめに

　保育の場で「待機児童」問題が話題になって20年以上になります。そのほかにも延長保育、病児保育とさまざまな問題があります。政治家は選挙の際に待機児童の解消を政策として訴えていますが解決にはほど遠い状態です。保育の問題は、親の視点、子どもの視点、保育をする視点とさまざまです。親の視点は考えれば社会の視点でもあります。親個人で解決できない問題が多岐にわたっているからです。子どもに携わる仕事をしているものとして保育の主役は子どもと位置づけたいものです。子どもは人として成長期にある状態です。今の子ども、10年後の子どもそして大人になったときの子どもを想像しながら対応すべきです。

　園医は、春夏の健診があり、0歳児のいる園では月に数回の健診も義務づけられています。そんな春の健診では新入園児の泣き声には不安がいっぱいです。秋の健診になると保育者さんとの信頼関係もでき甘えの泣き声に変わってきます。子どもが甘えるのは、信頼する人だと認識するからなのです。甘えられる心が弱い子どもの将来はとても不安です。保育の場は保育者さんのプロとしての気概を示す場です。子どもを見る保育者さんは、子どもから見られている保育者さんであることも念頭において付き合っていただきたいものです。

　この本は、そんな子どもたちの発達を通して、日々出会う子どもたちの行動を専門家として、さらに深めるための水先案内のようなものです。この本を題材にして多くの親、職場の仲間と語り合うことができれば、この本に関わったものとして望外の喜びです。

　　　　　　　　　　　　　　　　　　　　　　　　　　　　鈴木　洋

めまぐるしく動く社会の中で、子育ての環境も20年前、10年前と比較にならないほど変わってきています。「乳児」「3歳未満児」についての保育環境の充実が必要となり、さらに家庭や地域と連携した子育て支援の充実が求められるようになりました。そのため、専門職である保育者は、資格取得後もその専門性を向上させることが求められています。専門職である以上、日々学び続けることが保育者に必要とされているのです。その第一歩が、子どもの発達を知り、子どもをより深く理解していくことだと思います。

　本書は子どもの発達の流れを押さえつつ、個々の子どもに起こりうるケースにどう対応していくかをQ&Aにしたり、日々の活動で工夫できる保育を紹介したりしています。保育者としてスタートしたばかりの新任はもちろんのこと、より細やかに子どもを理解していきたいベテランの保育者にも十分学んで発見がある構成になっています。子ども理解の上で保育室の環境を見直せば、日々の遊具や子どもや保護者への関わりなど、保育を工夫し展開していく力が高まっていくと思います。保育者自身の学びが子どもの育ち、家庭への支援につながっていく、それこそがまさに「専門性の向上」だと思うのです。

　本書は、保育の場で多くの子どもや家庭支援に関わる方々に向けた子ども理解のための資料であり、あなた自身の日々の保育を創ることへのエールです。明日もまた子どもとともに笑顔で過ごせる保育となることを祈念してやみません。

鈴木みゆき

CONTENTS

はじめに ……2

各年齢の発達と生活習慣の目安 ……6
0歳〜0歳3か月…6／0歳3か月〜0歳6か月…7／0歳6か月〜0歳9か月…8／0歳9か月〜1歳…9／
1歳…10／2歳…11／3歳…12／4歳…13／5歳…14／6歳…15

本書の特長と使い方 ……16

0歳の発達 …17

0歳〜0歳3か月の発達のようす …18
- からだの発達 …18
- こころの発達 …23
- ことばの発達 …25
- 人とのかかわりの発達 …26

0歳3か月〜0歳6か月の発達のようす …28
- からだの発達 …28
- こころの発達 …33
- ことばの発達 …35
- 人とのかかわりの発達 …36

0歳6か月〜0歳9か月の発達のようす …38
- からだの発達 …38
- こころの発達 …43
- ことばの発達 …45
- 人とのかかわりの発達 …46

0歳9か月〜1歳の発達のようす …48
- からだの発達 …48
- こころの発達 …52
- ことばの発達 …53
- 人とのかかわりの発達 …54

0歳の生活習慣 …56
食事…56／排せつ…61／
睡眠…64／着脱…66／清潔…68

1歳の発達 …71

1歳〜1歳6か月の発達のようす …72
- からだの発達 …72
- こころの発達 …76
- ことばの発達 …79
- 人とのかかわりの発達 …80

1歳6か月〜2歳の発達のようす …82
- からだの発達 …82
- こころの発達 …85
- ことばの発達 …87
- 人とのかかわりの発達…88

1歳の生活習慣 …90
食事…90／排せつ…93／睡眠…95／
着脱…96／清潔…98

2歳の発達 …101

2歳の発達のようす …102
- からだの発達 …102
- こころの発達 …106
- ことばの発達 …110
- 人とのかかわりの発達 …114

2歳の生活習慣 …116
食事…116／排せつ…118／睡眠…119／
着脱…120／清潔…121

3歳の発達 …123

3歳の発達のようす …124
- からだの発達 …124
- こころの発達 …128
- ことばの発達 …132
- 人とのかかわりの発達 …134

3歳の生活習慣 …138
食事…138／排せつ…140／睡眠…141／着脱…142／清潔…143

4歳の発達 …145

4歳の発達のようす …146
- からだの発達 …146
- こころの発達 …149
- ことばの発達 …153
- 人とのかかわりの発達 …156

4歳の生活習慣 …160
食事…160／排せつ…162／睡眠…163／着脱…164／清潔…165

5歳の発達 …167

5歳の発達のようす …168
- からだの発達 …168
- こころの発達 …170
- ことばの発達 …174
- 人とのかかわりの発達 …176

5歳の生活習慣 …178
食事…178／排せつ…180／睡眠…181／着脱…182／清潔…183

6歳の発達 …185

6歳の発達のようす …186
- からだの発達 …186
- こころの発達 …188
- ことばの発達 …190
- 人とのかかわりの発達 …191

6歳の生活習慣 …192
食事…192／排せつ…193／睡眠…193／着脱…194／清潔…194

索引 ……195

各年齢の発達と生活習慣の目安

18ページから解説している発達と生活習慣について、おもなものを年齢別に表形式でまとめました。

0歳～0歳3か月

発達	からだ	・出生時の体重は2～4kgで、1日30～35gの割合で増える。身長は出生時で44～53cm程度。 ・昼夜の区別がなく、1日の3分の2程度を眠って過ごす。睡眠と目覚めを短い周期でくり返す。 ・モロー反射、吸啜反射、口唇探索反射といった原始反射が見られる。 ・浅い眠りのときに、微笑みのような表情を見せる(生理的微笑)。 ・1か月を過ぎると、ものを見つめるようになり(固視)、2か月を過ぎる頃から、興味のあるものを目で追うようになる(追視)。
	こころ	・生理的な快、不快で情緒が決定する時期。 ・不快な状態や心理的な不安は、泣くことで表現する。 ・あやされて笑うということはないが、不快なときに笑うことはない。 ・保育者の顔の表情を無意識に模倣する「共鳴動作」が現れる。
	ことば	・徐々にのどや舌の発達が進み、「アウアウ」「アー」などの音声を発する。それらは、意味を持たない「クーイング」と呼ばれる。 ・言葉の理解はできないが、大人が語りかける言葉を聞いている。
	人とのかかわり	・特定の大人と愛着を形成する重要な時期にあたる。 ・日常生活で、赤ちゃんに語りかけることが安心感や満足感につながる。 ・授乳時やおむつの交換時にも赤ちゃんに積極的に語りかけることで、人と関わり合う力が育つ。
生活習慣	食事	・ミルクで栄養をとる時期。赤ちゃんと目を合わせられる距離に顔を近づけ、スキンシップをとりながら、授乳する。
	排せつ	・おしっことうんちの回数が多い。おむつが汚れたらすぐに取り替え、おむつかぶれに注意する必要がある。
	睡眠	・乳幼児突然死症候群(SIDS)に注意が必要。10～15分に1回は寝ている様子を確認する。
	着脱	・しわやよじれは睡眠時の負担になるので、衣服をのばして着せる。
	清潔	・季節を問わず、毎日沐浴で体を清潔にする。 ・へその緒が取れた後、おへそはジクジクしているので、消毒をこまめにする。

0歳3か月〜0歳6か月

- 体重は生後3か月で生まれたときの2倍になる。身長は10cmほど伸びる。
- 原始反射が消え、自分の意思で体を動かそうとする随意運動が見られるようになる。
- 首がすわり、縦抱きやおんぶができるようになり、寝返りもできるようになる。
- 足腰がしっかりしてくるとおすわりの姿勢がとれるようになる。
- 手指が発達し、親指を外側に出して、ものがつかめるようになる。
- ゆっくり動くものについて上下の追視ができ、徐々に360度を見渡せるようになる。

- 生理的微笑が消えていき、あやされると笑う社会的微笑が見られるようになる。
- 喜怒哀楽の感情が豊かになる。
- 夕方に泣き始める「たそがれ泣き」が見られる。
- 昼間に怖いと感じたことなどを夜に思い出し、夜泣きをすることがある。
- 身近にいる人の存在がわかり始める。

- 母音に加えて、子音の喃語を話し始める。
- 「ブー」などの破裂音も発声できるようになる。
- 喃語を発し、会話をするようになる。

- 特定の大人に抱っこされているときは笑顔を見せるが、見知らぬ大人にあやされるといやそうに顔をそむけ、泣く。
- あやされたいため、ニコニコと笑いかけることがある。
- 体が発達し、視野が広がることで、触りたい、見たいといった探究心が発達する。

- ミルクで栄養をとる時期。赤ちゃんと目を合わせられる距離に顔を近づけ、スキンシップをとりながら、授乳する。
- 5か月頃から離乳食をスタートする。1日1〜2回、液体状の食事をあたえることが目標。

- おしっことうんちの回数が多い。おむつが汚れたらすぐに取り替え、おむつかぶれに注意する必要がある。

- 乳幼児突然死症候群（SIDS）に注意が必要。10〜15分に1回は寝ている様子を確認する。
- 午睡の回数は、午前、午後、夕方の3回と、時間が一定してくる。

- 運動量が多く活発になるため、衣類を着過ぎると体温が高くなり過ぎるので注意する。
- 首がすわったら、被って着る服を着られるようになる。

- 季節を問わず、毎日、沐浴で体を清潔にする。

各年齢の発達と生活習慣の目安

0歳6か月～0歳9か月

発達	からだ	・脳の重さが生まれた頃の2倍になり、感覚系や運動系の協応動作ができるようになる。 ・昼と夜の区別がつきはじめ、一定の生活リズムが見られるようになる。日中の睡眠は2～3回。 ・乳歯が生え始める。下の前歯2本、上の前歯2本の順で生えてくる。 ・栄養はおもに離乳食でとるようになる。舌と顎を使って上手に食べる。 ・大人が体を手で支えなくても、おすわりできるようになっていく。 ・ハイハイをするようになる。ずりばい、四つばい、高ばいの順で発達する。 ・一方の手から他方の手へのものの持ち替えができるようになる。 ・手指の発達が進み、親指とほかの4本の指でのわしづかみから、親指、中指、人差し指の3本だけでも、ものをつかめるようになる。 ・母体免疫がなくなり、自己免疫へと移行する。
	こころ	・短期記憶ができるようになり、直前の物事を覚えていられるようになる。 ・何かを訴えたいときに、声を出して表現するようになる。 ・大人が指をさした方向を一緒に見ることで、同じものを見ているという感覚を持つようになる（共同注意）。
	ことば	・「マンマンマン」など、反復する喃語を話すようになる。 ・喃語に音の強弱や高低をつけて話すようになる。 ・大人が話した言葉を模倣し始める。 ・簡単な言葉の意味を理解するようになる。
	人とのかかわり	・不安な気持ちになって、大人の後追いをしたり、夜泣きが強くなる「8か月不安」が現れるようになる。 ・人見知りが始まり、知っている人と知らない人を区別するようになる。 ・身近な大人に守られているという安心感があると、探索活動が盛んになる。
生活習慣	食事	・離乳食の回数が1日2回となり、舌と顎を上下に動かして、つぶして食べられるようになる。
	排せつ	・尿意を自覚するようになる。おまるに誘って、座ることを経験させる。
	睡眠	・乳幼児突然死症候群（SIDS）に注意が必要。 ・午睡の回数が、午前と午後の2回になる。1回30分～1時間程度、長くても2回で3時間程度とし、生活リズムを整える必要がある。
	着脱	・運動量が多く活発になるため、衣類を着過ぎると体温が高くなり過ぎるので注意する。 ・首がすわったら、被って着る服を着られるようになる。
	清潔	・乳歯の生え始めは、虫歯になりやすいので、ガーゼを人差し指に巻き付けて汚れを拭く。 ・母体免疫が切れるため、感染症に注意が必要。

0歳9か月〜1歳

- 体重は、生まれたときの3倍にあたる9kg前後になる。身長は生まれたときの1.5倍ほどになる。
- ほとんどの赤ちゃんが卒乳し、1日3回の離乳食で栄養をとるようになる。
- 排せつしたことがわかり、不快さをわかりやすい態度で示すようになる。
- ハイハイでスムーズに移動できるようになる。
- つかまり立ちをするようになり、安定すると、いすや机を伝って歩くことができる。
- つかまり立ちが安定すると、おすわりの状態から一人で立ち上がれるようになる。
- 親指と人差し指の2本でものをつまめるようになる。

- 「〜したい」「〜が欲しい」といった自己主張が強くなり、泣くことも多くなる。
- 自分のやりたいことを指をさして伝えようとする。

- 喃語(なんご)がいっそう盛んになる。
- 言葉の理解が進み、「ママ」「パパ」といった意味のある初語(しょご)を発するようになる。
- 話すよりも聞いて理解する力が先に発達し、理解できる語彙(ごい)が増える。

- 大人のまねが得意になる時期で、バイバイやバンザイなど、大人のする行動をよくまねするようになる。
- ほめられると喜び、何度も同じ動作をくり返す。
- 特定の大人への愛着が増し、後追いが激しくなる。
- しかられたことがわかるようになる。

- 離乳食の回数が1日3回となる。下の歯が生えてくるので、歯と歯茎でかむことができる。食べる量より、こぼす量が多く、保育者の介助が必要。

- 尿意を自覚するようになる。おまるに誘って、座ることを経験させる。
- タイミングを見計らって、おまるでおしっこをさせてみる。

- 1歳頃までには、午睡が食後の1回となり、生活リズムが完成する。

- 運動量が多く活発になるため、衣類を着過ぎると体温が高くなり過ぎるので注意する。
- 保育者の声かけに応じて、協力的に衣服が脱げるようになる。
- 伝い歩きが始まったら、靴をはかせる。

- 上の前歯が2本、下の前歯が2本、生えそろったら、ベビー用の歯ブラシで歯みがきをスタート。

各年齢の発達と生活習慣の目安

1歳

発達	からだ	● 体重は7～12kg、身長は70～85cm程度になる。 ● 脳の重さが1kgを超える。 ● 一人で歩けるようになる。1歳半を過ぎると転ぶことが少なくなる。 ● 体型が乳児体型から幼児体型になる。 ● 色彩感覚が発達し、原色以外の色がわかるようになる。 ● 音が聞き分けられるようになり、音の高低や種類が理解できる。 ● 丸や三角、四角など、基本のかたちを認識できるようになる。 ● 手指が発達し、直線以外に曲線も描けるようになり、意味のある絵を描くようになる。
	こころ	● 自立欲求が出てくるため、何でも自分でやりたがる。 ● 感情表現が豊かになり、感情の分化が進む。 ● 見立て遊びや、ごっこ遊びができるようになる。 ● 記憶力が発達し、1～3週間前の出来事を覚えていられる。 ● 物事の予測を立てて、行動できるようになる。
	ことば	● 言葉と対象が一致して、理解できる。 ● 言葉を模倣し、語尾を復唱するようになる。 ● 2つの単語を組み合わせる2語文を話すようになる。 ● ものに名前があることを知り、名前を知りたがる。
	人との かかわり	● 自我がめばえ、自分と他人の区別がつく。 ● 集中力が発達し、一人遊びができるようになる。 ● 自分で何でもやってみたいという気持ちが強く出てくる。 ● まわりの子に話しかけるなど親しさを表現する一方で、自己主張が強く出るため、激しくぶつかることもある。
生活習慣	食事	● 離乳食を卒業し、普通食へと移行する。 ● 手づかみよりも、スプーンを使って食べることが多くなる。 ● 1歳前半では手のひら全体で上から握る上握り、1歳後半では下から握る下握りでスプーンを持つ。 ● 好き嫌いが出始める。
	排せつ	● トイレトレーニングを始める。 ● 歩くことができ、排尿間隔が一定になったらおむつを外す。 ● 膀胱におしっこがたまったという感覚がわかるようになる。
	睡眠	● 午睡は午後の1回になる。 ● 運動量が増えるため、午前中に眠くなってしまうこともある。
	着脱	● 保育者の介助があれば、ズボンやTシャツの着脱ができる。
	清潔	● 保育者の介助で手洗いができるようになる。 ● 保育者による仕上げみがきは必要だが、自分で歯みがきができるようになる。 ● 鼻水が出ることをいやがり、自分で拭こうとする。

2歳

- 体重は11〜13kg、身長は83〜89cm程度になる。
- 歩く、走る、跳ぶという基本的な運動機能が発達する。
- 2歳後半になると、全身の力を使って走れるようになり、大人の指示でスムーズに止まることもできる。
- 両足でジャンプしたり、高さのあるところから両足で跳び降りることができる。
- 階段は、一段ずつ足をそろえて上り下りできるようになる。
- バランス感覚が発達するため、つま先やかかとで立てるようになる。
- Vサインや両手で同時にグーパーができるようになる。
- はさみを使えるようになる。

- 自分のものへの執着が強くなり、ほかの子と分け合うことを拒否するようになる。
- 自立と甘えのあいだで揺れ動く時期。自己主張が強くなる一方で、「できない」「手伝って」と甘えてくることもある。
- 遊びや生活にルールがあることを理解し始め、おもちゃの貸し借りができたり、順番が守れるようになる。

- 話せる言葉の数が300語程度になる。
- 形容詞、副詞が使えるようになる。
- 3つ以上の言葉を使う、多語文を話すようになる。
- 「これ、なあに?」と身のまわりのものについて聞くことに加え、大人の言葉に「なんで?」「どうして?」と質問するようになる。
- 「〜したから〜だ」というように、主節と従属節から成り立つ複文が使えるようになる。

- 友だちの名前を覚えて、呼び合うようになる。
- 気の合う子や気になる子ができ、その子の様子をじっと見る、そばに寄るなど、関わりたい気持ちを表現するようになる。
- 保育者に「見てて」と声をかけ、行動することが多くなる。

- 器を持って食べることができるようになる。
- 「いただきます」「ごちそうさま」の挨拶を習慣として言えるようになる。
- スプーンはえんぴつの握り方のような「移行持ち」に切り替える。

- 排尿を我慢できるようになる。
- 排せつはトイレでするものと理解するようになる。

- 1日の睡眠時間の目安は11〜14時間になる。
- 睡眠時間のうち、1〜2時間を午睡で確保する。

- 自分でやりたい思いが強くなり、着脱に意欲的に取り組む。
- 一人で着脱ができるようになっていく。

- 一人で手洗いができるようになっていく。
- 口に含んだ水を、左右のほおをブクブクと交互にふくらませてから吐き出す「ブクブクうがい」と上を向いてガラガラ音を立てる「ガラガラうがい」ができるようになる。
- 片方の鼻の穴をおさえて鼻をかめるようになる。

各年齢の発達と生活習慣の目安

3歳

発達	からだ	● 体重は13〜16kg、身長は91〜97cm程度になる。 ● マット運動で、でんぐり返しができるようになる。 ● 三輪車に乗れるようになる。 ● すべり台は途中でスピードを調整しながらすべることができる。 ● ブランコの立ちこぎができるようになる。 ● 両手で左右別々の動きができるようになる。 ● 紙を折ってから切る、粘土を丸めてから細くのばす、など、「〜してから〜する」という動きができるようになる。 ● はさみを連続して動かせるようになる。 ● お絵かきでは、大小の丸を描いたり、丸と線と点を組み合わせて描くようになる。
	こころ	● 先を見通す力がつくため、「ご飯が終わったら着替える」など、「〜したら〜する」という行動の流れがわかるようになる。 ● 自分で決めたことをしたい、という思いが強くなる。 ● 「こうすればできるかもしれない」と考えることができるようになる。 ● 絵本のストーリーを楽しめるようになる。
	ことば	● 理解できる語彙数は900〜1,000語に増え、日常生活の言葉は不自由がなくなる。 ● 自分のことを言うときに、名前ではなく一人称（私、ぼく）を使うようになる。 ● 過去・現在・未来の区別がつくようになり、過去の話や未来の予定の話ができるようになる。 ● 自分の言動に理由を言うようになる。
	人とのかかわり	● 相手の気持ちがわかるようになり、思いやる気持ちがめばえる。 ● 順番に並ぶ、交代で遊ぶなど、みんなで遊ぶときのルールを理解するようになる。 ● 好きな友だち、気の合う友だちができ、30分程度であれば、一緒に遊ぶことができる。 ● お店やさんごっこ、お医者さんごっこなどのごっこ遊びが発展し、言葉や想像力が育つ。
生活習慣	食事	● 箸を使って食べられるようになる。 ● テーブルを拭く、トレイやコップを配るといった食事の準備と、食器の後片づけができるようになる。
	排せつ	● トイレに行こうと言われなくても、尿意を感じたら、自分でトイレに行くようになる。 ● ズボンやパンツを全部脱がなくても、排せつできるようになってくる。
	睡眠	● 寝つきの悪い子が出てくる。
	着脱	● 前開きの衣服を一人で着られるようになる。 ● 片足立ちができるようになり、立ったままズボンがはけるようになる。 ● 衣服の前後、裏表、上下がわかるようになり、一人で衣服をたためるようになる。
	清潔	● 洗面器にためた水をすくって、顔が洗えるようになる。 ● 乳歯20本が生えそろい、歯みがきが習慣になる。

4歳

- 体重は14〜17kg、身長は98〜104cm程度になる。
- 1時間以上の散歩ができるようになる。
- 片足で5〜10秒間立っていられるようになる。
- 片足を上げながら前進するケンケンのように、「〜しながら〜する」という動作ができるようになる。
- 遊具を使ってダイナミックに遊べるようになり、すべり台を下から駆け上がったり、棒をよじ登ってはさんですべり降りたり、ジャングルジムのより高い所へ登ったりできる。
- 時計回りの丸と、反時計回りの丸を描けるようになる。
- 目と手の協応動作が発達し、お手本があれば、四角や三角を描き分けることができる。
- 両手の協応動作が確立し、道具を使うことがうまくなる。

- 考えるときに用いる「内的言語」とコミュニケーションで用いる「外的言語」の2つが使えるようになる。
- 「〜だけど〜する」という感情調整（自制心）が身につく。
- 他者の目が気になる感情が出てきて「自意識」が生まれる。
- 自分の経験や出来事、それに伴う感情をはっきりと記憶することができる（エピソード記憶）。

- 語彙が1,600語程度になり、日常会話ができるようになる。
- 助詞が使えるようになり、自然な話し方ができるようになる。
- 接続詞を使った複文が話せるようになる。
- 「だって」を使って、理由を説明するようになる。
- 「〜だから〜だ」というように2つ以上の事象を結びつけ、物事の因果関係や理由を説明するようになる。
- 時間の感覚を表す言葉を使うようになる。

- 協調性や思いやりをもって、他者と関われるようになる。
- 集団遊びが可能になる。
- 自分たちでルールを作って、それを守って遊べるようになる。
- 他者を意識することで、競争意識が高まる。
- もっと上手になりたいという向上心を持つようになる。

- いろいろな食べものを食べられるようになる。
- スプーン、フォーク、箸を食べものによって使い分けられるようになる。

- 排せつがほぼ自立する。
- 男の子はズボンとパンツをはいたまま排尿でき、女の子は排尿後に紙で拭くことができる。
- 指示されなくても、排せつ後の手洗いができる。

- 1日の睡眠時間の目安は、10〜13時間になる。
- パジャマを着る、ふとんを敷く・たたむといった午睡の準備、後片づけができるようになる。

- 気温の変化に応じて、「暑い」「寒い」という感覚がわかるようになる。
- ボタンの留め外しがスムーズにできるようになる。
- 裏返しの衣服を表に返すことができる。

- 鼻水を一人でかめるようになる。
- ズボンからはみ出した肌着を中に入れるなど、身だしなみに意識が向くようになる。
- ほうきとちりとりで掃除ができるようになる。

各年齢の発達と生活習慣の目安

5歳

発達		
	からだ	● 体重は15〜19kg、身長は104〜111cm程度になる。 ● 全身の運動機能が成熟期を迎える。 ● 走るフォームに安定感が出て、全速力で走れる。 ● 手と全身が協応する運動が上手になり、竹馬、なわとび、鉄棒の逆上がりなどができる。 ● 一輪車を乗りこなすこともできる。 ● 目と手足の協応が進み、ルールが理解できるようになることで、サッカーやドッジボールなどのチームを組んで行う遊びができるようになる。 ● 手指の器用さが増し、かた結びや蝶結びができるようになる。 ● 人物を前向き、後ろ向き、横向きで描けるようになる。
	こころ	● 大人の指示がなくても自分で身のまわりのことができるようになる。 ● 過去の自分と現在の自分をつなげて考えられるようになる。 ● 苦手なことに、がんばって取り組むようになる。 ● 道徳的な正しさに敏感になる。 ● お手伝いに責任を持ち、年下の子の世話をするようになる。
	ことば	● 語彙は2,000語程度になる（名詞が60％、動詞が15％）。 ● 自分の考えや経験したことを、ほぼ自由に話せるようになる。 ● 相手の話を聞く力がつき、内容を理解できるようになる。 ● 助詞を正しく使えるようになる。 ● 「〜だから〜しよう」と、理由とともに提案できるようになる。 ● 文字に興味を持ち、ひらがなの読み書きができるようになる。
	人とのかかわり	● 集団で何かを達成しようという姿が見られる。 ● 物事を多面的に見られるようになり、いろいろな面から人を理解し、認めることができるようになる。 ● 目標を達成したいときやトラブルが起きたとき、話し合いで解決できるようになる。

生活習慣		
	食事	● 豆をつまむ、魚をほぐす、卵焼きをはさむなど、箸の使い方が上達する。
	排せつ	● 排せつの自立がほぼ完了する。 ● 個室に入る前にはドアをノックする、使った後に汚れていないか振り返るなど、マナーを守るようになる。
	睡眠	● 1日の睡眠時間の目安は10〜13時間。 ● 午睡を必要としない子が増える。
	着脱	● 暑いときは1枚脱ぐ、寒いときは1枚着るなど、衣服の調節ができるようになる。 ● 汗をかいたら、自分で着替えるようになる。 ● 靴ひもが結べるようになる。
	清潔	● 自主的に身だしなみに気をつけるようになる。 ● おしゃれに興味を持つようになる。 ● 自分の持ちものを管理できるようになる。

6歳

- 平均体重は男子21.3kg、女子20.8kg。平均身長は男子116.5cm、女子115.5cm。
- 視力が1.0～1.2に達する。
- 嗅覚が最も鋭くなる。
- 乳歯から永久歯へ生え変わる。
- 全身運動がなめらかで巧みになる。
- 背筋力が増し、背筋を伸ばした姿勢をとれる。
- 柔軟性が高くなり、立ったまま上体をかがめ、手を足先につけられる。
- 姿勢のコントロールが身につき、高度な運動ができるようになる。
- ボールを手でつきながら走る、蹴る、キャッチするといった動きも巧みになる。
- 手指の機能がさらに発達することで、えんぴつでの表現が的確にできるようになり、細かい描写が可能になる。

- 昨日・今日・明日がつながっていることを理解して、少し先のイベントや目標をイメージできるようになる。
- 協調性が養われ、友だちと役割分担をして共同制作に取り組めるようになる。
- ストーリー性のある本を楽しむようになり、主人公と自分を同一視しながら楽しんだりもする。
- 活動範囲が広がるとともに、交通ルールを守れるようになる。

- 語彙数は3,000語ほどに達する。
- 基本的な文法が完成し、話すときは6語前後の長さになる。
- 相手によって言葉を使い分けられるようになる。
- 文字の読み書きに興味を持ち、手紙やメモを書くようになる。
- 20～30程度の数を唱えることができる。

- 目的達成のためには、やりたくないことも引き受けなければならないという協調性を学ぶ。
- 特定の友だちと仲良くなって、親友ができ始める。
- グループの中で仲間はずれが起きることもある。

- 給食当番として、テーブルを拭く、食器やお茶を配る、「いただきます」の声かけをする、といった役割を担えるようになる。

- 活動の前後にトイレをすませ、排せつのコントロールができるようになる。

- 就学に向けて、午睡をしない習慣を身につける。

- 鏡に自分を映して、身だしなみが整っているかを確認できる。
- 脱いだ服はたたんで、指定の場所に置くことができる。

- 一日の活動スケジュールを把握することで、自主的に片づけができるようになる。

本書の特長と使い方

「発達のようす」と「生活習慣」の2つの大きなカテゴリに分けて、年齢別に解説しています。それぞれ、年齢に応じて、または知りたいシーンに合わせて、対応するページから読み進めていただけます。

発達の段階を
「0歳〜0歳3か月」
「0歳3か月〜0歳6か月」
「0歳6か月〜0歳9か月」
「0歳9か月〜1歳」
「1歳〜1歳6か月」
「1歳6か月〜2歳」
「2歳」「3歳」「4歳」
「5歳」「6歳」に分けて
解説しています。

「Q&Aこんなときは?」
実際の現場で起こるケースを想定して、1問1答形式で解説しています。

発達のようす

各年齢の子どもの発達を
「からだ」「こころ」「ことば」「人とのかかわり」
の4つのカテゴリに分けて解説しています。

各年齢の生活習慣を「食事」「排せつ」「睡眠」「着脱」「清潔」の5つのカテゴリに分け、イラストを交えて解説しています。

生活習慣

それぞれの生活習慣の解説の中で、具体的な場面を想定して、6つのシーンに合わせたコラムを設けました。
「言葉かけのヒント」
「保護者との連携」
「これはNG!」
「役立つ!ひとくふう」
「援助のポイント」
「環境構成のポイント」

0歳の発達

- 0歳〜0歳3か月の発達のようす ……………… 18
- 0歳3か月〜0歳6か月の発達のようす …… 28
- 0歳6か月〜0歳9か月の発達のようす …… 38
- 0歳9か月〜1歳の発達のようす ……………… 48
- 0歳の生活習慣 ……………………………………… 56

0歳〜0歳3か月 の発達のようす

0歳〜0歳3か月の **からだ** の発達

発達の目安
- ☐ 昼と夜の区別はついておらず、睡眠を多くとる時期
- ☐ 原始反射といわれる、反射による動きが見られる
- ☐ 生まれたときから、視覚・聴覚機能が発達している

生まれた直後の体の様子

●生まれた直後の体重と身長
生まれたばかりの赤ちゃんの体重は、おおむね2〜4kgで、**体重は、1日30〜35gの割合で増えていき**、だいたい生後3か月で、生まれたときの2倍にもなります。また、出生時の身長は44〜53cm程度ですが、生後3か月で10cm程度伸びます。

●首がすわる時期
赤ちゃんの体で一番重いのは頭です。頭を支える筋肉や骨格が未熟なこの時期は、頭を自分で支えることができず、**首はまだすわっていません。**生まれたときから首がしっかりしている子もいますが、**たいていの場合は、生後3〜5か月頃にかけて首がすわります。**

首すわりの発達の目安は、赤ちゃんを仰向けにして両手を持ち、引き起こすことでわかります。このとき、生まれたばかりの赤ちゃんでは、首に力が入らず頭が下がってしまいますが、生後2〜3か月にかけて、首がだんだんとしっかりしてくると、引き起こそうとしたときに、少しだけ首がついてくるようになります。その後、より発達が進むと、首にみずから力を入れて、頭を持ち上げようとする動作が見られるようになります。

■生後1か月の首の様子

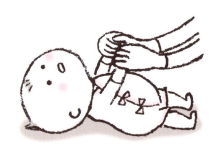

頭を支える筋肉や骨格が未熟なため、引き起こそうとすると頭がダランと下がる。発達とともに首に力を入れ、持ち上げようとする。

■0〜2か月の基本的な姿勢

仰向けの状態でも顔が正面を向かず、左右のどちらかに向いている。手足は左右どちらかが伸び、反対側が曲がるという非対称の姿勢をとる。

生まれたばかりの赤ちゃんでも視覚や聴覚の感覚機能は発達しています。また、原始反射という反射が備わっています。生まれてからすぐに上手におっぱいが飲めるのは、この原始反射によるものです。愛着形成の重要な時期でもあります。

●赤ちゃんの姿勢は、発達とともに変わる

生まれたばかりの赤ちゃんは、**仰向けの状態でも顔を正面に向けることができず**、顔が左右のどちらかに向いてしまいます。また、顔を向けている側の手足が伸び、反対側の手足は曲がるという、**非対称性緊張性頸反射**という反射が見られます。

生後2〜3か月が経過すれば、仰向けの状態でも顔を正面に向けられるようになります。**両腕をアルファベットのW、両足をMの字のように曲げている、手足が左右対称の姿勢**がこの時期の基本的な姿勢です。この時期は、腕や足を無理に伸ばさないようにすることが大切です。

生まれた直後の生活の様子

●昼夜の区別がなく、睡眠が基本

生まればかりの赤ちゃんの生活は、昼と夜の区別はなく、数十分〜数時間という短い周期で睡眠と目覚めをくり返します。この周期をウルトラディアン・リズム（超日周期）といいます。昼間に寝ている時間も長く、**1日の3分の2（15〜20時間）程度を、眠って過ごします。**

●飲むおっぱいの量も少量

生まれた直後は、寝て、起きて、おっぱいを飲んで、また寝るという行動を、2時間半くらいの間隔で何度もくり返します。**一度に飲むおっぱいの量は少量で、1日に何回も飲みます。**生後1〜2か月経つと、3時間くらいの間隔で空腹を訴えるようになり、夜間に5〜6時間、続けて眠るようになります。成長とともに哺乳量が増えるとともに、目覚めている時間が長くなって、昼と夜のそれぞれのリズムがだんだんとできていきます。

●おしっこはたくさん出る

個人差もありますが、この頃は膀胱におしっこがたまると自然におしっこを出すため、**1日に20〜30回おしっこが出ます。**そのあいだに数回の排便をします。

■ 2〜3か月の基本的な姿勢

仰向けの状態で顔が正面を向き、手足も左右対称の姿勢となる。首が少ししっかりし、うつぶせにすると頭を少し持ち上げることができる。

Q&A こんなときは？

Q. 体の機能の発達のために、腹ばいをさせたほうがよいでしょうか？

A. 2か月頃から無理をさせない範囲で行いましょう

赤ちゃんにとって、腹ばいは生理的には苦しい姿勢です。しかし、この姿勢をとることによって視界が広がり、また運動機能の発達にも有効なことから、腹ばいの姿勢にさせてみるのはよいことです。ただし、体に負担がかからないように、赤ちゃんの胸と床の間にタオルをはさんで上半身を支えやすくしたり、短い時間だけ行ったりするなどの配慮が必要です。

細く巻いたタオルを胸の下に入れる

0歳

0歳～0歳3か月 の発達のようす

原始反射による赤ちゃんの体の動き

●無意識にするしぐさ

赤ちゃんは、生きていくための力を持って生まれてくるといわれています。それが外からの刺激に反応する**原始反射と呼ばれる体のしくみ**で、生まれた直後から備わっている体の反射です。

赤ちゃんの体の動きは、この原始反射に支配されています。原始反射は、成長とともに見られなくなり、多くは**生後3～4か月以降に自然に消えていきます**。成長しても原始反射が消えない場合は、注意が必要です。

原始反射には次のようなものがあります。

●モロー反射

上体が急に傾いたときなどに行う、両腕を上げて空をつかむようなしぐさのことです。音に反応して両腕を上げるのもこの反射で、たとえば紙おむつを外す音に反応したりします。

●吸啜反射（きゅうてつ）

口に入ったものに吸いつこうとする動作です。生まれてすぐにおっぱいに吸いつくのは、この反射によるものです。

●口唇探索反射（こうしんたんさく）

口の周囲を指で軽くつついてみると、指に吸いつこうとします。おっぱいをくわえようとする本能から現れる体の動きです。

●把握反射

手のひらに触れたものを握る動作をします。この頃の赤ちゃんの握力は強く、握ったものを離さず、しばらく握っているような状態を見せます。足の指でも同様の反射が起こり、指の付け根を強くおすとギュッと握り返します。

●引き起こし反射

両手を持って赤ちゃんの上体を引き起こそうとすると、腕と足を曲げ、首を前に起こして自分で起き上がろうとするような動作を見せます。

■ さまざまな原始反射

| モロー反射 | 吸啜反射 | 口唇探索反射 |

大きな音がしたときなどに、両腕を上げて、空をつかむようなしぐさを見せる。

口に入ったものに吸いつこうとする。口がおっぱいに触れると、吸いつく。

口のまわりを指で軽くつつくと、おっぱいをくわえるように吸いつこうとする。

●原始歩行反射
　脇の下を持って体を支えて、足の裏が床につくように抱き起こすと、足を右、左と、交互に出して歩くような動作が見られます。

> コミュニケーションのための
> 原始反射

●生理的微笑
　この頃の赤ちゃんは、浅い眠りのときに無意識で微笑みのような表情を浮かべます。この表情は原始反射のひとつである**生理的微笑**で、0～1か月頃に見られます。

●共鳴動作と同期行動
　保育者が赤ちゃんに向かって、ゆっくり舌を出したり、口を大きく開けて見せたりすると、赤ちゃんが保育者をじっと見つめ同じような動作をすることがあります。これは、**共鳴動作**と呼ばれるもので、意識的に保育者の模倣をしようとしているのではなく、赤ちゃんが**無意識に行っている**といわれています。

> **視覚はどんどん発達し、**
> **固視から追視へ**

●生まれたときから視力は備わっている
　生まれたばかりの赤ちゃんでも、すでに**視覚が発達しています**。視力は0.02程度で、これは大人の8分の1～25分の1程度です。赤ちゃんの視力は弱いので、ぼんやりとしかものの形を認識できませんが、顔を近づけると、その人の顔をじっと見つめます。また、紙に描かれた顔や人形の顔など、顔の形をしているものに、よく反応をするのが特徴です。

●固視と追視
　1か月を過ぎる頃から、**30～40cmの距離で焦点が合う**ようになり、ものを見つめるようになります。視野がせまく中心部しかよく見えないため、目の前でゆっくりとものを動かしてあげるようにする

把握反射

手のひらに触れたものを握る。足の指も同じく、指の付け根を強くおすとギュッと握り返す。

引き起こし反射

両手を持って引き起こそうとすると、腕と足を曲げ、首を前に起こし、自分で起き上がろうとする。

原始歩行反射

脇の下を持って体を支え、床に着地するように抱き起こすと、歩くような動作をする。

0歳～0歳3か月の発達のようす

と、ものを見つめているのがわかります。
　1～2か月を過ぎると、興味のあるものを目で追うようになります。遠くをはっきり見ることはできませんが、指などを顔の近くでゆっくり動かしてみると、視線の動きを確認できます。このように、**1か所をじっと見つめることを固視、動くものを目で追うことを追視**といいます。
　2か月頃になると、徐々に追視の範囲が広くなっていき、顔を正面に向けた状態から左右50度程度まで追視ができるといわれています。ゆっくり動くものでも、途中で追視が途切れることがありますが、徐々に発達が進むことで、3か月を過ぎる頃には、途切れることなく往復の追視ができるようになります。

●**自分の手をじっと見つめる**
　2～3か月頃になると、自分の手をじっと見つめる**ハンドリガード（手の注視）**といわれるしぐさが出てきます。手が自分の体の一部だという認識はまだありませんが、手を口に持っていき、なめるなど確認するような行動をしながら、徐々に自分の手を認識するようになっていきます。

生まれつき備わっている聴覚

●**胎児の頃から発達している**
　聴覚は**胎児の時期から発達**していて、胎内でも大人の会話などを音の刺激として受けていると考えられています。

●**大きな音には注意が必要**
　音に対しては敏感で、大きな物音には体をビクンと動かして反応します。これは前述のモロー反射で、大きな音がすると驚いたように両手を広げる反射です。そのため、大きな音を立てないようにするなどの配慮が必要です。そのほか、成長とともに音や話し声に反応し、顔を向けるしぐさを見せるなど、聴覚が発達していることがわかります。

■ 固視

生まれたときから視力はあるが、1か月を過ぎると30～40cmあたりの距離で焦点が合い、ものや人の顔をじっと見つめるようになる。

Q&A こんなときは？

Q. いつも同じ方向ばかりに顔が向いていますが、向きは変えたほうがよいのでしょうか？

A. 音の出るおもちゃで、方向を変えてあげましょう

赤ちゃんは、まだ自分の力で体の向きを自由に変えることができません。常にどちらか一定方向にだけ顔を向けていると、頭のかたちが変形してしまうこともあります。顔の向きに左右の偏りがないように工夫するのがよいでしょう。
基本的に、赤ちゃんは光のある方向、音のする方向へ自然と顔を向けます。その習性を利用して、音の出るおもちゃなどを使って顔の向きを変えるのもひとつの方法です。

0歳～0歳3か月の こころ の発達

発達の目安
- [ ] 生理的な快と不快で、情緒が決定する
- [ ] 感情に基づいて笑うということはまだできない
- [ ] 模倣や生理的微笑は、コミュニケーション能力である

0歳

生理的な快・不快で心の状態が決まる

●泣くことで快と不快を訴える
生まれたばかりの赤ちゃんは、まだ言葉を発することができません。そのため、この時期は、おなかがすいたときや、眠いとき、おむつが濡れたときなどの**不快な状態や心理的な不安を、泣くことで訴えます。**

この時期の赤ちゃんは、おなかがすいていれば「不快」になり、食欲が満たされると「快」になるという、単純に**生理的なことが原因で、情緒が決定**する時期です。

●なぜ泣いているのかを考える
赤ちゃんが泣く理由はさまざまです。言葉で訴えることのできない赤ちゃんにとって、泣くことは唯一の伝達手段なので、泣いている理由を推測して、適切に対応してあげることが大切になります。適切な対応をくり返すことによって、赤ちゃんの**泣き方は伝達の意図を持ったもの**に変わります。一方で保育者も赤ちゃんの泣く理由を徐々に覚えていき、赤ちゃんの訴えていることが泣き方でわかるようになっていきます。

■ 泣くことで訴える

2か月頃になると、不快感がめばえ、空腹になったりおむつが汚れたりすると泣いて訴える。抱っこされると泣きやみ、安心した表情を見せる。

Q&A こんなときは？

Q. 赤ちゃんが泣いたときすぐに抱っこをすると抱き癖がつくのではないかと心配です

A. 気にせず、抱っこしてあげましょう

抱っこは、大切なスキンシップです。なかには、抱き癖がつくのを心配し、泣いたときにすぐに抱っこをすることに、ためらいを持つ人もいるようですが、この時期の赤ちゃんに安心感を与えてあげるのは、とても大事なことです。抱っこしてほしがっているのに、別の作業をしているなどで抱っこしてあげられないときも、無視はせず、「ちょっと待っててね」などと声をかけてあげることも重要です。

0歳〜0歳3か月 の発達のようす

生理的微笑は不快なときには出ない

●生理的微笑と社会的微笑

生まれたばかりの赤ちゃんは、あやされて笑うということはありません。浅い眠りのときに微笑みのような表情を浮かべますが、これは**生理的微笑と呼ばれる原始反射**です。あやされるとそれに呼応するように笑う**社会的微笑**が現れるのは、2〜4か月以降だとされています。

●不快なときは笑わない

生理的微笑は、嬉しい、楽しいといった**感情に基づくものではありません**。しかしながら、**不快なときに微笑むことはない**ため、赤ちゃんの中で漠然と楽しい、嬉しいといった心が育っている途中であるととらえられています。また、生まれたときから、人と関わり合おうとする力が身についているとも考えられます。

無意識の共鳴（きょうめい）動作はコミュニケーションの第一歩

●赤ちゃんは無意識に模倣を始める

赤ちゃんは、保育者の顔を見つめて、表情をまねしようとします。保育者が赤ちゃんを見つめて、ゆっくりと舌を出したり、大きく口を開けたりするなどの表情をくり返すと、赤ちゃんはその顔の表情をまねし始め、同じ表情をしようとします。この行動を**共鳴動作**といいます。

●生まれつき備わったコミュニケーション能力

共鳴動作は、生まれたときから備わっている能力です。つまり、意識的にまねしようとしているのではなく、**無意識に行っている**のです。共鳴動作は、赤ちゃんが生まれながらにして持っている、人とコミュニケーションをとろうとする能力だと考えられています。ちなみに、意識的に模倣をする動作は、通常では乳児期後半から見られます。

■ 生理的微笑と社会的微笑

生理的微笑

0〜1か月頃に見られる、入眠時に微笑むような表情。楽しい、嬉しいといった感情に基づいているわけではないが、不快なときには出ない。

社会的微笑

楽しい、嬉しいといった感情に基づいた笑顔。2か月を過ぎた頃から、あやされたり、くすぐられたりすることで見られ始める。

0歳〜0歳3か月の ことばの発達

発達の目安
- ☐ 意味を含まないクーイングが始まる
- ☐ 大人の語りかける言葉を聞いている
- ☐ 伝えたいという気持ちが育つ

クーイングは言葉の練習

●**クーイングが始まる**
この時期の赤ちゃんは、言葉の発達はまだまだですが、徐々にのどや舌の発達が進み、「アウアウ」「ウー」などの音声を発し始めます。これは、**クーイング**と呼ばれるもので、赤ちゃんの言葉の練習ともいわれています。

●**語りかけることで言語の発達を**
赤ちゃんは、しゃべることはできなくても、**大人の話しかける言葉をしっかりと聞いています**。まわりのものに興味を示し、何かに視線を送っているのを感じたら、言葉の意味は理解できなくても**「これは、〜だよ」と話しかけてあげる**ことで、言語能力の発達が促されます。

また、赤ちゃんが見ているものを言語化することで、ものと音声が結びついたり、授乳時に「おいしいね」などと赤ちゃんの気持ちを言葉にすることで、安心感を覚えて**伝えたいという気持ちが育ったりする**ので、語りかけることは言葉の発達に重要です。

■ 言葉による語りかけが重要

赤ちゃんの声をまねる、赤ちゃんの気持ちを代弁する、赤ちゃんが見ているものを言語化するなどの語りかけが、言語発達には有効。

Q&A こんなときは？

Q. クーイングにはどのように対応したらよいでしょうか？

A. おうむ返しで応えましょう

赤ちゃんが「アウアウ」や「アー」などのクーイングを始めたら、発声をまねて積極的に声のコミュニケーションをとるようにしましょう。また、赤ちゃんは低い声よりも、高い声に心地よさを感じるといわれています。話しかけるときは、少し高めの声でゆっくりと、安心感をあたえるように話すようにしましょう。

0歳〜0歳3か月 の発達のようす

0歳〜0歳3か月の 人とのかかわり の発達

発達の目安
- [ ] 特定の大人との愛着形成に重要な時期にあたる
- [ ] 日常生活での語りかけが安心感、満足感につながる
- [ ] 人と関わり合っていく力が育ち始める

愛着形成の重要な時期

●特定の大人の存在が重要

生まれたばかりの赤ちゃんにとっては、特定の保育者との触れ合いの中で、**安定した情緒をきずいていく大切な時期**です。そのため、関わる大人が毎回変わると、赤ちゃんは不安になり、情緒が不安定になることもあるため、特定の大人と密接な関係をきずいていくのがよいとされています。

おんぶや抱っこは、大人の体温が直接伝わることで、心地よさや安心感をあたえることができます。

また、泣いている赤ちゃんが何を訴えているのかをよみとり、その要求に応えてあげるというくり返しが、赤ちゃんの安心につながり、**愛着の形成を促します**。

●語りかけることが愛着形成に有効

この時期の赤ちゃんは、まだ話すことはできませんが、大人が赤ちゃんへ語りかけることは、愛着の形成に非常に重要な役割を持っています。赤ちゃんの快・不快といった訴えを受け止めて、それに対応するような語りかけをすることが、赤ちゃんの「わかってくれた」という安心感につながります。そうすることで、赤ちゃんから、**何かを伝えたいという気持ちも生まれます**。

■ 抱っこをしながら語りかける

抱っこは、体温が直接伝わるため、赤ちゃんは安心する。笑顔で語りかけることが愛着形成につながる。

■ 授乳は大切なコミュニケーション

授乳は、授乳をしてくれる人とのコミュニケーションを学び、信頼関係をきずく場面でもある。なるべく同じ保育者が授乳を担当し、赤ちゃんを混乱させないようにしたい。

日々の世話の中でも情緒の安定を大事に

●栄養管理だけでは不十分

おっぱいをあげたり、おむつを交換したりすることは、生まれたばかりの赤ちゃんに必要なお世話です。しかし、ただ単に栄養をあたえて体を清潔に保つだけでは不十分です。日々の生活において、**まわりの大人と十分に関わっていくこと**で、赤ちゃんは人と関わり合う力を身につけていくのです。

●授乳中のスキンシップが大切

授乳は赤ちゃんの栄養摂取だけが目的ではなく、**赤ちゃんとの関係をきずく重要な時間**です。赤ちゃんから20〜30cmほどの所に顔を近づけると、赤ちゃんはじっと見つめ返します。**目と目を合わせ、しっかりと抱いて、話しかける**といったコミュニケーションをとりながら授乳することで、おなかがいっぱいになるという満足感と抱かれている安心感の両方を赤ちゃんは得ることができます。

●おむつを交換するとき

おむつを交換するときも、自然と語りかけるようにします。まず、「おむつを取り替えようね」「きれいにしようね」など、**これからする行為を言葉にします**。「気持ちがいいね」など、**清潔にする気持ちよさも一緒に伝える**とよりよいでしょう。赤ちゃんは言葉の意味は理解できませんが、言葉を聞くことで徐々にそれに対応する行為を確認できるようになります。

●生理的な欲求を満たす大切さ

睡眠のリズムをつくる時期なので、**安眠の工夫をすることも大切**です。寝る前に興奮させるようなことはせず、安心して眠れるよう見守ってあげましょう。まだ自分では体温調節ができないため、快適に眠れる寝具や衣服を選び、環境を整えてあげたいものです。なお、赤ちゃんの体温は、新陳代謝が活発なので36.7〜37.5℃と高めです。

■おむつを取り替えるときも語りかけを

「おむつを替えようね」「きれいにしようね」といった語りかけをすることは、安心感につながるだけでなく、言語の発達にも有効。

Q&A こんなときは？

Q. 赤ちゃんにあまり表情の変化が見られず、不安になります

A. 表情の発達を見守りましょう

赤ちゃんの表情にも発達があります。生まれたばかりの赤ちゃんの表情はとぼしいのがふつうです。2か月を過ぎた頃から、徐々にまわりに興味や反応を示すようになり始めるので、焦らずに見守るのがよいでしょう。また、表情がなくても、赤ちゃんに語りかけることは欠かさないようにしましょう。

0歳3か月〜0歳6か月 の発達のようす

0歳3か月〜0歳6か月の からだ の発達

発達の目安
- ☐ 原始反射が徐々に消え、随意運動に移行する
- ☐ 首がすわり、寝返りができるようになる
- ☐ 手指の機能が発達し、ものをつかめるようになる

自分の意思で体を動かすように

●**原始反射が消える**

生まれたときに見せていた原始反射は、この頃になると、ほとんど消えてしまいます。原始反射の代わりに、**意識的に体を動かそうとする随意運動**が見られるようになります。

●**運動機能が著しく発達する**

生まれてから3か月までのあいだに、たいていの赤ちゃんは体重が2倍になり、身長も10cmほど伸び、著しい成長が見られます。4か月を過ぎると、運動機能においてもめざましい発達が見られ、聴力や視力などの感覚機能のほか、**手足を自分の意思で動かせる**ようになります。生まれたばかりの赤ちゃんではむずかしかった、仰向けの姿勢における左右対称の動きもできるようになります。

5か月を過ぎれば、仰向けの姿勢で膝を触ったり、足を手でつかんだりするようになります。機嫌がよいときは、手足をよく動かして遊ぶようになります。

■ 首すわりチェック

仰向けの状態から、両手を持って静かに引き起こす。赤ちゃんが自分の力で首を一緒に持ち上げることができたら、首すわりの完成。

Q&A こんなときは？

Q. ほかの子は首がすわり始めているのに、まだ首がすわらず心配です

A. 遅くても5か月にはすわります

3か月程度で早々と首がすわる赤ちゃんもいれば、なかなかしっかりとしない子もいます。頭が大きかったり、筋肉がやわらかかったりすると、時間がかかることもあるようです。個人差があるので、むやみに心配する必要はありません。たいていの赤ちゃんは5か月頃までには首がすわります。その月齢になって首がすわらないようであれば、発達に影響する神経系の疾患が懸念されるので、医師の診察を受け、原因を調べたほうがよいでしょう。

首がすわる時期です。首がすわれば寝返りができるようになり、自分の意思で体の向きを変えられるようになります。また、視野も広がり、まわりの人やものへの興味・関心が増え、言葉や心の発達に影響します。

生活のリズムができ、離乳食へ

●昼と夜の区別がつく

4か月を過ぎると、昼と夜の区別がつくようになり、昼間に目を覚ましている時間が長くなります。たとえば、午前中は機嫌がよいけれど、夕方になるとぐずるなど、生活の中に**一定のリズムが見られる**ようになってきます。

夜にぐっすりと眠らせるためには、昼間に太陽の光をたっぷりと浴びて、体を動かすようにすることが大切です。日中は、1〜3時間程度の睡眠を2〜3回とるという生活のリズムができるようになります。

●離乳食を始める

離乳食へ移行する最適な時期は、個人差がありますが、一般的には5〜6か月頃からです。この頃から赤ちゃんの成長に必要なビタミンや鉄分などの栄養素を、ミルク以外から摂取する必要が出てきます。また、離乳食は栄養の摂取だけが目的ではなく、口や咀嚼力の発達を促す、重要な食事です。

大人が食事しているのを見て、赤ちゃんが**口をモグモグするようになったら**、離乳食を開始するタイミングと考えてよいでしょう。消化・吸収の活発化で**よだれが増える**こともひとつの目安になります。

首がすわっておんぶも可能に

●首がすわる時期

ほとんどの赤ちゃんは、**3〜5か月頃にかけて首がすわります**。首すわりの目安は、うつぶせにしたときに腕で頭を支えて持ち上げることができたり、縦抱きにしても首がぐらぐらしたりしないことです。

首のすわりを確認するには、赤ちゃんを仰向けの状態から、両手を持って静かに引き起こしてみます。赤ちゃんが自分の力で首を一緒に持ち上げることが

■ 寝返りの介助の仕方

上半身をひねる動きを見せたら、寝返りのサイン。仰向けの状態に戻ってしまわないように、背中を支える。

うつぶせになるように誘導する。背中を支えた手とは反対の手で足を持ち、軽く背中をおさえながら、うつぶせの姿勢を取らせる。

できたら、首はすわっています。
　また、首がすわってぐらぐらすることがなければ、**おんぶをしても大丈夫**です。抱き方も、縦抱きができるようになるため、赤ちゃんの視界がぐんと広がります。そのため、さまざまなことに興味・関心を持つようになり、体の発達にも大きく関係してきます。

寝返りができるようになる

●首がすわれば寝返り
　首がすわると、今度は**寝返りができる**ようになります。仰向けに寝ているときに上半身をひねっていたら、寝返りをしようとしている合図です。
　あと一息で寝返りができるというときは、**寝返りの介助**をしてあげます。上半身をひねったままで、うまく寝返りができないときは、仰向けの状態に戻らないように、そっと背中に手をあてて支え、うつぶせになるように誘導します。
　寝返りの発達時期には個人差があり、早い赤ちゃんでは4か月頃には寝返りができるようになります。大人が介助をくり返すことで、ほとんどの赤ちゃんが**7か月頃までには寝返りができる**ようになります。

●好奇心から寝返りの意欲を
　寝返りをすることによって、自分の力で体の向きや位置を変えることができます。このことは、自分の力で移動する力につながるため、早く寝返りができるように、上手に誘導してあげましょう。また、何かに触ってみたい、手を伸ばしたい、という**好奇心は赤ちゃんの動きを誘発**します。そのような赤ちゃんの心の動きも観察するようにしましょう。

寝返りからおすわりへ

●おすわりができる
　足腰がしっかりしてくると、腹ばいの姿勢から手

■ おすわりの介助

手を前について上半身を支えて座る。まだ一人で姿勢を保つのはむずかしく、前傾姿勢のまま倒れてしまうため、大人の支えが必要。

Q&A こんなときは？

Q. そろそろ寝返りができる時期ですが、どんなときに赤ちゃんが寝返りをしたがっているか、タイミングがわかりません

A. 体のサインを見逃さないようにしましょう

足腰がしっかりと発達してくると、赤ちゃんは自然と寝返りにつながる動作をするようになります。腰をひねっていたり、仰向けの状態で足を高く上げていたりすれば寝返りの前段階。介助をしてあげるタイミングと考えてよいでしょう。

をついて上半身を持ち上げ、**おすわりの姿勢ができる**ようになります。ただし、この段階では、まだまだ大人の支えが必要です。無理におすわりの姿勢にすると、前傾姿勢のまま倒れてしまうので注意が必要です。

6か月頃になると、短時間であればおすわりの姿勢を保つことも可能になってきます。力がついてくると、背筋をまっすぐにして、長い時間安定して座っていられるようになります。

手指の機能が発達する

●手指の発達

生まれたばかりの赤ちゃんは、親指を内側にして手を握りしめています。3〜4か月では、手の中に入れていた**親指を外側に出して**、ものをつかめるようになります。

そして4〜5か月になると、関心のあるものに自分から手を伸ばして、手のひら全体を使ってつかみます。さらに5〜6か月では**上手にものをつかむことができる**ようになります。左右の手の指先が全部開くようになるのもこの時期です。手指の動きはさらに活発になり、ガラガラを近づけると自分で振ってみたり、何でも口に運んで確認する動作をとったりします。

●手を伸ばしてつかむ

3か月頃までに自分の手をじっと見つめるハンドリガード（手の注視）が見られますが、5か月を過ぎると、興味や関心を持ったものに手を伸ばしたり、欲しいと感じたものに手を伸ばしてつかんだりするリーチング（手伸ばし）が始まります。

●指しゃぶり

3か月を過ぎると、指しゃぶりをひんぱんにするようになります。これは、この時期の**重要な探索行動**なので、無理にやめさせる必要はありません。

手指が発達し、ものをつかめるようになると、つかんだものに指をからませたり、盛んに口に入れた

■ 手指の発達

3〜4か月	4〜5か月	5〜6か月

手の中に入れていた親指を外側に出せるようになる。	欲しいと感じたものに手を伸ばしてつかむ、リーチングが始まる。	ものをつかむのが上手になる。手の指先が全部開くようになる。

0歳3か月〜0歳6か月 の発達のようす

りするなどして、なめて確かめる行為も見られますが、これも探索行動のひとつで、赤ちゃんがすくすくと育っている証拠です。

視力・聴力が発達する

●追視の範囲が広くなる

赤ちゃんの視力は、4か月頃で0.1に達します。さらに、顔を左右に180度動かせるようになるため、視野がぐんと広がり、ものを追って見る追視の範囲も広がっていきます。

4か月を過ぎると、ゆっくりと動くものについては、**上下の追視ができる**ようになります。そして、だんだんと**360度を見渡せる**ようになっていきます。

赤ちゃんの抱き方も視野に関係します。首がすわって横抱きから縦抱きにすることによって、視野が広がり、また両目でものを見ることができるため、遠近感や立体感がわかるようになるのです。

人と目を合わせ、さらに微笑むしぐさを見せるようになるのもこの頃です。人を区別したり、自分の好きなおもちゃを判断したりできるようにもなってきます。

●音がわかる

4〜5か月頃になると、音のした方向に顔を向けるようになります。これは、**聴覚と視覚が脳の中で結びついている**証拠です。また、誰が話しているかという聞き分けもできるようになります。

■ 追視の範囲

上下左右の追視

2か月を過ぎると左右の追視、4か月を過ぎると上下の追視ができるようになる。

360度の追視

さらに視野が広くなると、追視の範囲が広がり、360度すべてを見渡せるようになる。

0歳3か月～0歳6か月の こころ の発達

発達の目安
- [ ] 笑い方は、生理的微笑から社会的微笑に変わる
- [ ] 感情表現が豊かになり、よく笑い、よく泣く
- [ ] みずからを取り巻く環境に興味を示し始める

感情表現のめばえ

●あやされると笑うようになる
生まれたときに見せていた原始反射である、入眠時の**生理的微笑は徐々に消え始め**ます。その代わりに、あやされると笑うという**社会的微笑**が活発になってきます。笑い声も出るようになります。

●感情表現が豊かになる
4～5か月頃になると、**喜怒哀楽の感情表現が豊か**になり、自己主張が出てきます。赤ちゃんは、かまってもらうことが大好きです。そのため、自分から笑いかけたり、声を出したりするようにもなります。反対に、泣き方にも変化が出てきて、自己主張から**かんしゃくを起こす**ことも、しばしばあります。

●たそがれ泣きが始まる
3か月前後の赤ちゃんに比較的よく見られる、**たそがれ泣き**というものがあります。これは**夕暮れ泣き、3か月コリック**ともいい、夕方になると突然泣き始める現象です。たそがれ泣きが始まったら、抱っこやおんぶをし、そばにいて安心させてあげることが大事です。たそがれ泣きのはっきりとした原因はわかっていませんが、そのうち自然となくなるため、心配はしなくてもよいでしょう。

■たそがれ泣き

3か月前後の赤ちゃんによく見られる。原因がわからないため、泣きやませることがむずかしいが、不安にならないようそばで見守ってあげることが大切。

Q&A こんなときは？

Q. たそがれ泣きがひどく、何をしても泣きやんでくれません。どう対応したらよいでしょうか？

A. 泣かせておくのもひとつの方法です

おなかもすいていないし、おむつも濡れていない、抱っこしても、おもちゃであやしても、なかなか泣きやんでくれない……。そんな赤ちゃんを前にして、途方にくれてしまう気持ちはよくわかります。そんなときは、少しのあいだ泣かせてみるのも手です。放っておけば、自然に泣きやむこともあります。また、毎日、同じ時間に泣き始めるのであれば、その時間に散歩に出かけてみるなど、違った対応をとるのも効果的かもしれません。

0歳3か月〜0歳6か月 の発達のようす

●夜泣き

5か月頃になると、夜泣きをする赤ちゃんもいます。これは、昼間に怖いと感じたことや驚いたことを思い出してしまうためだともいわれています。起きている時間が長くなって活動量が増えると、多くの刺激を受けます。そのため、**昼間の刺激を夜になっても覚えていて**、急に泣き出すのです。

> 知的好奇心が
> 生まれてくる

●まわりに興味を持ち始める時期

自分のまわりの世界に対して、好奇心が生まれる時期です。自分の手をじっと見つめるハンドリガードや興味のあるものへ手を伸ばそうとするリーチングも、この心の発達から生まれる動きです。

●探索行動をするようになる

口の中にひたすらものを入れたがるのも、**探索行動のひとつ**です。何でも口に運んでしまうので心配になりますが、すぐに取り上げてしまうのではなく、安全面に配慮しながら、見守ることも重要です。

> だんだんと
> 人の区別がつく

●身近な人がわかるようになる

身近にいる人の存在が徐々にわかり始めます。特定の保育者や母親には笑顔を見せますが、見慣れない人はじっと見るなどして、**相手を見分けるようになります**。日常的に関わる特定の大人とのあいだに情緒的な絆が形成され始めるため、いなくなると不安になったり、寂しくなったりして泣いてしまうことも出てきます。なお、人見知りが始まるのは、まだ先です。この時期に特定の大人と愛着形成ができると、のちに人見知りが始まります。

■ 口に入れて確認する

興味を持ったものを何でも口に入れて確かめたがる時期。歯固めなどのおもちゃをあたえるとよい。

Q&A こんなときは?

Q. 何でも口に入れてしまうため、誤飲が心配です。どんなことに注意すればよいですか?

A. 直径40mm以上のおもちゃを選びましょう

おもちゃは口に入れても心配のないよう、常に清潔にしておきたいものです。また、誤って飲み込んでしまわないように、直径40mm以上あるものを選びましょう。おもちゃ以外だと、ボタンや電池、タバコの吸い殻、硬貨などの異物を飲み込んでしまう危険があります。こういった事故が起こらないように赤ちゃんの身のまわりには常に気を配っておきましょう。

0歳3か月〜0歳6か月の ことばの発達

発達の目安
- 母音だけでなく、子音の喃語も出てくる
- 「ブー」などの破裂音を発音できるようになる
- 会話する楽しさを認識し始める

喃語が活発になる

●子音の喃語
「アー」といった泣き声以外の声を喃語といい、機嫌がよいときは声を出して遊びます。のどや舌の発達とともに、いろいろな音を出せるようになり、母音に加えて**子音が出てくる**のもこの時期からです。「アー」などの母音から、「クー」といった子音や、「ブー」などの**破裂音が出る**ようになります。

●喃語でおしゃべり
4か月頃には喃語が多くなり、相手をすると**会話**をしているかのように声音を変えたり、違う音を出したりするようになります。5か月頃からは、声がするほうに顔を向けるようになり、離れている人に自分から話しかけるようにもなります。

●話したい気持ちを大切に
喃語は言葉の練習です。赤ちゃんは喃語を発すると、それに対する**応答を待つようなしぐさを見せる**ことがあります。これは、会話をする楽しさを認識し始めているともいえます。

喃語に応えてあげると、赤ちゃんはそれを喜ぶため、もっと話そうとする意欲につながります。コミュニケーションの力を伸ばすためには、喃語のおしゃべりを一緒に楽しんであげることが大切です。

■喃語で会話

喃語で伝えようとしていたら、返事をしたり、喃語をまねてみたりするなど、応答的なやりとりをする。楽しい会話ができると言葉の発達が促される。

Q&A こんなときは？

Q. 言葉がわからない赤ちゃんに、何を話しかけたらよいかわかりません

A. 語りかけながら動作をしましょう

この頃の赤ちゃんは、言葉の意味はまだ理解できませんが、保育者がどんなふうにおしゃべりするかをよく聞いています。授乳するとき、おむつを交換するときなどは、淡々と作業をするのではなく、「おなかすいたの？」など、語りかけながら動作をしましょう。また、赤ちゃんが発した喃語のまねをするなど、応答的なやりとりとして、喃語でおしゃべりするのもよいでしょう。

0歳3か月～0歳6か月 の発達のようす

0歳3か月～0歳6か月の 人とのかかわり の発達

発達の目安
- [ ] 特定の大人に対して、愛着を形成する
- [ ] 人と関わりたいという気持ちがめばえる
- [ ] 活発な探究心が、心と体の発達に影響する

特定の大人と信頼関係をきずく

●愛着の形成期間

赤ちゃんは成長とともに、だんだんと、いつも身近にいる特定の保育者や母親との交流を求めるようになります。

特定の大人に抱っこされているときは、安心感から笑顔を見せますし、見慣れた大人の顔を見ただけでみずから微笑みかけるようにもなります。反対に、見知らぬ大人にあやされたり、抱っこされたりするといやそうに顔をそむける、泣くなどの行動をとるようになります。これは、**身近な人とそれ以外の人を区別して認識できる**ようになったということです。

●安心して過ごせる環境づくりを

赤ちゃんが好きな大人とそうではない大人を区別するようになったら、なるべく赤ちゃんが好きな大人と過ごせる環境づくりにも気をつけましょう。

これは、赤ちゃんの情緒の安定にとても大切なことで、特に母親から離れて過ごす保育所などでは、**特定の保育者との信頼関係をきずいていく必要**があります。不安や不快なことがあって赤ちゃんが泣いてしまったとしても、自分の好きな大人と関わることで、安心して泣きやめるような環境が望ましいでしょう。

■特定の大人と信頼関係をきずく

母親から離れて保育所で育つ赤ちゃんには、「この先生がいれば安心できる」と思える環境づくりが必要になる。

Q&A こんなときは？

Q. 同じ月齢のほかの赤ちゃんは、声を出してよく笑っていますが、笑い声を出さないため心配です

A. 感情をあまり表さない赤ちゃんもいます

生まれつきの性格は人それぞれで、大きな声を出してよく笑う赤ちゃんもいれば、あまり感情を顔に出さない赤ちゃんもいます。笑い声を出さなくても、声かけに反応して表情が変化したり、喃語を発していたりすれば、さほど心配することはありません。発達とともに、声を出して笑う姿も見られるようになっていきます。

コミュニケーションの楽しさを伝える

●人と関わりたい気持ちがめばえる
この時期の赤ちゃんは、あやされてニコニコと笑うだけでなく、**みずからあやしてほしくて笑いかける**ことがあります。人とコミュニケーションをとることに、楽しさや嬉しさを認識し始める時期だといえます。

●個別のコミュニケーションを大事に
赤ちゃんの中で「あやしてもらって嬉しい」「もっとこの人と遊びたい」という気持ちがめばえてくれば、自然と人と関わり合う力が身についていきます。そのため、赤ちゃんが起きているあいだは、なるべく**1対1でのコミュニケーションをとる**ようにしたいものです。向かい合って目と目を合わせて話しかける、笑いかけるなどの行為は、その後の言葉の獲得などにも大きく影響します。

探究心を育てる関わり合いを

●探究心が心と体を発達させる
みずからを取り巻く世界に興味を持ち始める時期です。首がすわり視野が広がるなどの体の発達が、赤ちゃんの**探究心をめばえさせ**、また、触ってみたい、見てみたいといった探究心の発達が、体の発達を促します。

●探究心を促す遊び
赤ちゃんの探索行動は、体と心の発達に大きく関係するため、遊びを通して、活発にさせたいものです。たとえば、ガラガラなど音の出るおもちゃを握らせると、楽しい音が出るので、どんどん振りたいという気持ちが出てきます。ガラガラを触って振りたいという欲求を利用して、寝返りの体勢を促すこともできます。遊びの中で、心身の発達に有効なものを意識してみるとよいでしょう。

■1対1のコミュニケーションをとる

愛着の形成には、なるべく目と目を合わせて話しかける、笑いかけるなどのコミュニケーションをとることが重要。

Q&A こんなときは？

Q. 興味を持ったものに、何でも手を出してしまいます

A. やめさせるのではなく、楽しめるおもちゃをあたえましょう

探究心がめばえるこの時期は、身のまわりのいろいろなものに興味を持ち、何にでも手を伸ばすようになります。安全面の配慮から、つい「ダメ」と手を出すことをやめさせてしまいがちですが、行動を禁止するのではなく、布などを引き出して遊べるおもちゃなど、安全なものを手渡し、喜んで遊ばせるのがよいでしょう。

0歳6か月〜0歳9か月 の発達のようす

0歳6か月〜0歳9か月の からだ の発達

発達の目安
- ☐ 歯が生え始め、離乳食で栄養を摂取するようになる
- ☐ 介助を必要とせず、一人でおすわりができる
- ☐ ハイハイで移動できるようになる

体とともに脳も発達する

● **脳の重さは生まれたときの2倍に**

生まれたときの赤ちゃんの脳の重さと6か月を過ぎた頃の赤ちゃんの脳の重さを比べてみると、その**重さは2倍**にもなっています。

● **生活リズムが形成される**

脳の発達は、生活リズムの形成にも関与しています。脳が発達すると、朝の光を浴びたときに朝だと認知するようになります。そのため、**昼と夜の区別がつく**ようになり、それとともに昼間に目覚めている時間は約10時間と長くなります。

● **脳の機能の発達**

脳の各領域の発達は、全身機能の発達にも影響します。中脳、間脳、小脳といった神経ネットワークに関連する領域が発達すると、**感覚系と運動系の協応動作ができる**ようになり、姿勢の立ち直りなど平衡感覚・バランス感覚も発達してきます。

● **大脳も発達**

大脳は左右の機能が同じ水準に発達します。そのため、一方の手から他方の手への、ものの持ち替えや、左右に対になって置かれた積み木を見比べることができるようになります。

■ おもちゃの左右の持ち替え

大脳の機能が発達するため、おもちゃを一方の手から他方の手へ持ち替えることができるようになる。

Q&A こんなときは？

Q. 離乳食をスタートさせていますが、思うように食べてくれません

A. 無理に食べさせなくても大丈夫。母乳やミルクをあたえてもかまいません

赤ちゃんがまだ離乳食を食べたがらないようであれば、中断してもかまいませんし、母乳やミルクをあたえてもかまいません。離乳食をうまく進めるには、素材の種類よりも素材のかたさを考えてあげるのがコツです。離乳食を食べさせる時期になったからといって、無理に進めていくのではなく、赤ちゃんの様子を見ながら焦らずに進めましょう。

一人でおすわりができるようになったら、次はハイハイが始まります。ハイハイができると、自分の意思で移動できるため、探究心が旺盛になり、より活発に行動するようになります。探索行動は言葉や心の発達を促すため、この時期は大いに成長します。

歯が生え始める時期

●7か月頃から生え始める

歯が生える時期には個人差があり、早いと4か月頃から生え始め、遅いと1歳頃になってからやっと、という場合もあります。一般的には、**7か月頃から生え始める**ことが多いといわれています。

●乳歯は前歯から

歯の生える順番は、下の前歯2本、次に上の前歯2本です。**全部の歯が生えそろうのは3歳頃**です。歯の生える時期は、歯茎がむずがゆく感じられるため、おもちゃなどをかむ傾向があります。歯固めのできるおもちゃをあたえるのがよいでしょう。

●舌と顎を上手に使う

歯はまだ生えそろっていませんが、ものを食べるときは口をしっかりと閉じて、舌の上下運動と顎の上下運動で、上手につぶして食べるようになります。

離乳食の回数を増やす

●歯が生え始めたら離乳食を1日2回へ

歯が生え始める7か月頃から1日2回のペースで離乳食を進めます。食べものをスムーズに飲み込めるようになる時期でもあります。

1日2回の離乳食をスタートするタイミングは、**授乳間隔が3～4時間**になっていること、**体重が7kg前後**になっていること、などが目安となります。

●タンパク質をとる

離乳食が始まったら、母乳やミルクは食事を補うものとしてあたえるようにします。体づくりに欠かせない栄養源であるタンパク質は、内臓への負担が大きいですが、**内臓機能の発達によって摂取できる**ようになっていきます。

■ おもちゃで歯固め

歯の生え始める時期は、歯茎がむずがゆく感じられるため、おもちゃなどをかむ。やわらかい素材で、歯固めできるおもちゃをあたえるとよい。

Q&A こんなときは？

Q. 歯が生え始める時期ですが、一向に生えてこないようです

A. 放っておいて大丈夫です

歯が生え始める時期については、あまり気にしなくてかまいません。一般的には7か月頃から生え始める子が多いですが、非常に個人差があるため、心配することはありません。早い子は4か月頃から生え始めますし、1歳になってやっと生え始める子もいます。

0歳6か月～0歳9か月 の発達のようす

おすわりが できるようになる

●寝返りができれば、おすわりへ

寝返りが右、左と上手にできるくらいにまで体の機能が発達すると、その体の機能を応用して、**おすわりができる**ようになっていきます。

●おすわりができるか確認

一人でのおすわりは、**6～7か月頃になると始まり**ます。おすわりは、背中や足腰の筋肉、運動神経が十分に発達していないとできません。赤ちゃんが一人でおすわりできる体の状態にあるかは、赤ちゃんを後ろ向きで抱っこしてみるとわかります。このとき、赤ちゃんが両足を自分の力でバタバタとさせ、持ち上げるようであれば、おすわりができるようになった目安です。

●大人の介助も不要になってくる

6～7か月頃は、手を体の前について支えながらおすわりをします。両手で体を支えないと、前に倒れてしまいます。体が不安定な場合は、**大人の介助**が必要です。

7～8か月頃には、体を手で支えなくても座っていられるようになります。これは、上半身の筋肉と神経が発達し、体の安定がとれるようになった証拠です。座った姿勢でも両手が自由に使えるようになるため、おすわりをした状態で、おもちゃで遊ぶなどのしぐさが見られ始めます。

ハイハイが できるようになる

●おすわりの次は、ハイハイ

おすわりができるようになると、次は**ハイハイをする**ようになります。上手にハイハイができるようになることにも、体の機能の発達が影響しており、いくつかの段階があります。

■ おすわりができるか判断

抱っこしたときに、赤ちゃんがみずから両足を上げるような動きをしたら、背中や足腰の筋肉が発達し、おすわりができるようになったサイン。

● ずりばいができるようになる

　腹ばいの状態になって、手で上半身を支えられるようになっても、はじめのうちはみずからの力で前進することはできませんが、手足の発達とともに手足を動かして前進できるようになります。これを**ずりばい**といいます。

　個人差もありますが、ずりばいは、おおむね7〜8か月頃にできるようになります。まだまだ手足の力が弱く、**おなかを引きずって前進している状態**です。はじめのうちは、手に力を入れ過ぎてしまうことで、前に進んで行けず、後ずさりしてしまうこともあります。

● 四つばい

　ずりばいができるようになると、だんだんと**四つばいができる**ようになります。手と膝を床につけて前進し、おなかを引きずって動くことはありません。四つばいは、手足や腰の筋力が発達しないとできず、およそ8〜9か月頃にできるようになります。

　また、**ハイハイが左右対称の動き**になるのも、8〜9か月頃です。これは脳が発達することによってできる動作です。

● 高ばい

　四つばいから、さらに**おしりを高く上げて膝をつけずに前進する**のが高ばいです。高ばいができるようになったら、あと少しで立てるようになるというサインです。

● 立つまでには、個人差がある

　このように、足腰の発達とともに、ハイハイにも段階があります。しかし、立って歩けるようになるまで、この段階を踏むかには個人差があります。ハイハイをあまりすることがなかった子が、**ずりばいからいきなり立って歩き始める**こともあります。

手指が上手に動かせるようになる

● 持ち替える動作

　手指の機能が著しく発達していく時期です。もの

■ ハイハイの段階

ずりばい

おなかを床につけたまま、手足を動かして前進する。力の加減がむずかしく、後ずさりしてしまうこともある。

四つばい

手足や腰の筋肉がついてくると、両手と両膝を動かして前進する。おなかは床につかず、おしりも持ち上がる。

高ばい

四つばいよりも、おしりが高く上がった状態。膝は床につけず、足の裏と手でハイハイする。立ち上がる一歩手前。

0歳6か月〜0歳9か月 の発達のようす

をつかむという動作だけでなく、ものをみずからつかみ、それを**一方の手から他方の手に持ち替える**ということができるようになります。これは、両手を連携して使えるようになった証拠です。

●**わしづかみができる**

7〜8か月頃になると、親指と人差し指が90度くらいに開くようになるため、**親指とほかの4本の指でものをわしづかみできる**ようになります。

●**さらに指先が器用に**

8〜9か月頃になれば、自分の意思でものを持ったり離したりできるようになります。そのほかにも、左右の手で持っているものを、**自分の正面で合わせ、カチカチと打ちつける**こともできます。親指・中指・人差し指の3本のみで、ものをつかめるようにもなります。

●**手指を使って食べる**

離乳食に慣れてくると、手指を使って、手づかみで食べ始めます。食べものに興味を示し、手を伸ばし、つかむという一連の動作が、さらにこの時期の手指の発達に影響しています。

母体免疫が切れると注意が必要になる

●**母体免疫から自己免疫へ**

母体免疫とは、生まれてから**6〜7か月頃まで続く免疫**のことをいいます。この時期は、生理的な機能も自立し始め、母体免疫から自己免疫に移行していきます。体の発達とともに抵抗力もついていきますが、母体免疫が切れる時期は、**感染症にかかりやすくなる**ため注意が必要です。

●**体調チェックが欠かせない**

この頃の赤ちゃんの体温調節機能は、まだまだ未熟ですから、重ね着をし過ぎたり、体を動かし過ぎたりすると、熱がこもってしまって高温になることがあります。風邪などの感染症による発熱の恐れもあるので、免疫力が一時的に低下するこの時期は、体温調節に注意しましょう。

■ 手指の機能

7〜8か月

親指と人差し指がおよそ90度開く。親指とほかの4本の指でものをつかめる。

8〜9か月

左右の手で持っているものを正面で合わせ、カチカチと打ちつけることができる。

0歳6か月〜0歳9か月の こころ の発達

発達の目安
- ☐ 短期記憶ができるようになり、ものの永続性がわかる
- ☐ 意識的に声を出して、自分の意思を主張するようになる
- ☐ 指さした方向を見る共同注意ができるようになる

短期記憶ができるようになる

●ものの永続性の理解が始まる

月齢を重ねて体と脳が発達し、さまざまな体験をすることによって、赤ちゃんは**短期記憶**ができるようになり、**直前の物事を覚えていられる**ようになります。

たとえば、6〜7か月頃の赤ちゃんは、机の下におもちゃを落としてしまったときに、おもちゃを探そうとします。これは、「今おもちゃは見えていないけれど、机の下に落としてしまったおもちゃがある」という状態を理解しているということです。この状態を「**ものの永続性の理解**」が進んだといいます。「今は見えていなくても、そこに存在する」ということを認識できているのです。

●隠れていたものを見つける

さらに、8〜9か月頃になると、「ものの永続性の理解」は、より進みます。たとえば、おもちゃに布を被せて見えない状態をつくります。短期記憶のできない時期であれば、おもちゃがないということしか認識できませんが、この時期になれば、布の下におもちゃがあることがわかっており、その布を取っておもちゃを見つけることができます。これは、ものがなくなったのではなく、見えないだけでそこ

■ 落としたものがわかる

ものの永続性が理解できるようになると、机の下に何かものを落としてしまったとき、下に落ちている状態がわかり、探すようになる。

Q&A こんなときは？

Q. 大人しい性格なのか、自分を表現する行動が見られません

A. 自己主張が苦手な赤ちゃんもいます

この時期の赤ちゃんは、意識的に声を出して、欲しいものなどを訴えますが、なかには主張をしたくても声に出せない赤ちゃんもいます。赤ちゃんの個性を知り、ふだんからよく観察しておくことで、心の動きを把握できるようにしたいものです。

0歳6か月〜0歳9か月 の発達のようす

にあるという存在を知覚しているということです。

● 「いないいないばあ」で短期記憶が発達

「いないいないばあ」は、この時期の赤ちゃんが大好きな遊びです。顔を出すたびに、いろいろな表情を見せると、隠す前の顔との違いに、赤ちゃんは喜びます。この「いないいないばあ」も、短期記憶の発達により理解ができる遊びです。目の前の大人が顔を隠しても、手の下に顔があることを覚えているため、「ばあ」で顔が出てくることを面白がって笑うのです。くり返し遊ぶことは、短期記憶の発達にもつながるため、たくさんやりたい遊びです。

> 自分を表現する
> 行動が見られる

● 声を出して表現する

この時期の赤ちゃんは、何かを訴えるときに、**意識的に声を出す**ようになります。特に自分の欲しいものがあるときには、「アー」という声を出して、表情を変化させ、視線で訴え、欲しいものに手を伸ばします。これは、積極的にまわりに自分の意思を伝えるようになったことを示しています。

> 指さしの
> 意味がわかる

● 共同注意ができるようになる

8〜9か月頃になると、大人が指をさした方向を見るようになります。これは、指をさした方向に何かがあり、伝えたいことがあるということを赤ちゃんが理解している状態です。

さらに、指をさしている人と**同じものを見ているという感覚を持つ**ようになります。これを**共同注意**といい、言葉でのコミュニケーションをとる基礎力となります。

■ 布の下のおもちゃがわかる

短期記憶ができるようになると、おもちゃに布を被せて見えない状態をつくっても、布の下にあることがわかるため、見つけられる。

■ 共同注意ができる

大人が指をさした方向を一緒に見るようになる。言葉と一緒に指さすことで、何を伝えたいのか認識できるようになる。

0歳6か月〜0歳9か月の ことばの発達

発達の目安
- [ ] 喃語に強弱、高低をつけて話すようになる
- [ ] 大人の発する言葉をまねし始める
- [ ] 「ダメ」など簡単な言葉の意味がわかり始める

意味のある喃語を話し、言葉の理解が始まる

●反復する喃語を話す

「ダーダーダー」「マンマンマン」など、**反復する喃語を話し始め**ます。この頃に発せられる喃語には、何かしらの要求や意味が含まれており、話しかけると、赤ちゃんなりに音節を連ね、**強弱、高低をつけて喃語で受け答え**をします。

●人の声をまねする

音声模倣といって、大人の話している言葉のまねをし始めます。赤ちゃんが反応しやすいように、「ブーブーだよ」「ニャンニャンだよ」というように、反復した喃語で話しかけると発語が促されます。

●言葉の意味を理解し始める

まだ、言葉にならない喃語を発している時期ですが、生活の中で**日常的に使われる言葉に反応**するようになります。

たとえば、何か危険な動作をしようとするときに、「ダメだよ」という言葉をかけると、それに反応して動作を止めたり、「マンマだよ」の言葉で食卓につこうとしたりします。自分の名前も理解し始め、呼ばれると反応し、振り返るようにもなります。

■ 言葉を理解し始める

「マンマだよ」と声をかけると、食卓につこうとする。生活の中で日常的に使われる言葉がわかるようになり、反応するようになる。

Q&A こんなときは？

Q. 喃語をしゃべらなくなってしまいました。発達に問題があるのでしょうか？

A. 音に反応しているようなら、心配いりません

喃語を話し始めたばかりの赤ちゃんは、声を出すことに楽しさを感じています。しかし、体の発達が進み、活動が活発になっていくと、自分の外の世界に興味を持つようになり、一人で発して喜んでいた喃語の量が、だんだんと減っていくことがあります。その代わり、外とのコミュニケーションとして声を発することが増えていくので、心配はいりません。

0歳6か月～0歳9か月 の発達のようす

0歳6か月～0歳9か月の 人とのかかわり の発達

発達の目安
- ☐ 8か月不安が始まり、後追いや夜泣きをする
- ☐ 人見知りが始まり、見知らぬ人に対して泣く
- ☐ 特定の大人を心の拠り所とし、探索行動が活発になる

8か月不安が出てくる

●大人がいなくなると不安に

　8か月不安とは、急に不安な気持ちになって**大人の後追いをしたり、夜泣きが強くなったりする現象**のことをいいます。8か月不安は、おすわりができ、ハイハイをするようになるまでの期間に現れます。

　これは、保育者が自分の視界から消える不安によるものだといわれています。赤ちゃんは、保育者が視界から消えても、そばにいるということを想像できません。そのため、少しでも保育者が見えなくなると、不安になって泣き出したり、そばから離れる素振りをすると必死に保育者を追いかけたりします。

●信頼関係をきずくことが解決に

　赤ちゃんが、自分は守られているという安心感、守ってくれる人がいるという信頼感を持つことができるようにします。そのような関係づくりをすることで、後追いの時期は長引かなくなります。

人見知りが始まる時期

●知っている人と知らない人を区別

　6か月を過ぎると、**人見知り**をする赤ちゃんが増

■後追いをする

保育者がそばから離れる素振りを見せると、必死になって追いかける。姿が見えなくなると不安から泣き出すこともある。

Q&A こんなときは？

Q. 後追いが激しくなってきたため、どこにも行けません。どうしたらよいでしょう？

A. 一定の期間は、見守るようにしましょう

赤ちゃんとお母さん、また特定の保育者とのあいだに愛着が形成された証拠です。泣いたり後追いしたりするこの時期の赤ちゃんには、ときとして、煩わしさを感じるかもしれませんが、心配しなくても時期を過ぎれば、だんだんと後追いしなくなっていくものです。赤ちゃんの不安な気持ちを取り除いてあげるようにしましょう。

えてきます。これは、脳の発達に関係していて、思考力や記憶力がついてくると、**知っている人と知らない人の区別がつく**ようになるため、知らない人を見ると、不安になって泣いたり、むずかったりするようになります。個人差があるため、あまり人見知りをしない子もいれば、激しく人見知りをし、3歳頃まで続く子もいます。

●愛着が形成されている証拠

身近な人の顔がわかるようになった赤ちゃんは、人との関わり合いを楽しむようになります。そして、特定の大人と愛着を形成すると同時に、見知らぬ人を警戒したり、人見知りが始まったりします。

人見知りは、愛着形成がされている人とそれ以外の人との区別が明確になることで起こります。そのため、赤ちゃんが特定の大人とのあいだに**情緒的な絆をきずいている証拠**でもあります。

探索行動を大事に

●体の発達が好奇心につながる

おすわりができるようになると、視線が高くなり、見る世界が広がるため、赤ちゃんの好奇心はより高まります。また、ハイハイができるようになると、自分の意思で移動できる楽しさを知り、外の世界への興味がよりいっそう広がります。

●活発な探索行動を促すために

この時期の赤ちゃんの探索行動は、特定の大人を**自分の安心感・安全感の「基地」**とすることで、盛んになっていきます。大人が自分のそばにいることを確認でき、見守られていることを実感できると、安心して自分が関心のある周囲のものへの探索活動をし始めます。そのため、活発な探索行動を促すためにも、愛着の形成は非常に重要だといえます。

■人見知りが始まる

見知らぬ人を見るといやがったり、泣いたりするが、嫌っているわけではないため、一緒に過ごす時間を増やせば自然と慣れていく。

Q&A こんなときは？

Q. 人見知りをすることがありません。発達に問題があるのでしょうか？

A. 問題があると決めつけず、経過を見守りましょう

ほとんどの赤ちゃんは、この時期に人見知りをするようになりますが、まったく人見知りをしないという赤ちゃんも、なかにはいます。発達に問題があるとはいえず、性格的なものであったり、たくさん人がいる環境に育ったためであったりと、理由はさまざまです。急に人見知りをし始めることもあるため、あまり気にせず、経過を見守りましょう。

0歳9か月～1歳 の発達のようす

0歳9か月～1歳の **からだ** の発達

発達の目安
- ☐ 生活のリズムが整う
- ☐ つかまり立ちから、伝い歩きができる
- ☐ 親指と人差し指で小さなものをつまめる

体の発達と生活リズム

●**身長と体重**

1歳頃になると、体重は生まれたときの**3倍**にもなり、9kg前後になります。身長も順調に伸び、生まれたときと比べると**1.5倍ほど**になります。

●**生活リズムが整う**

午睡は午前と午後の2回で2時間ずつ、夜は10時間程度、眠るようになります。1歳頃までには、**午睡が食後の1回になる**こともあります。

生活のリズムについては、生後3か月頃から徐々につくり始め、1歳を目標に整うようにします。特に**早寝、早起きは大事**です。夜ふかしをすると、ぼーっとしてしまい、日中の活動量が低下し、体を十分に動かさなくなります。体を動かさないと、心を安定させるホルモンの分泌も少なくなり、イライラすることも多くなります。また、成長ホルモンの分泌も妨げます。赤ちゃんの**体内時計を一定に保つ**ことは、発達においてとても重要なことです。

●**卒乳と離乳食**

10か月頃になると、**離乳食は1日3回**になります。そのため、ほとんどの赤ちゃんは卒乳し、離乳食から栄養をとるようになります。9か月頃は舌で食べものをつぶしながら食べることができます。歯

■ 生活リズムの形成

1歳までには生活リズムを整えたい。スムーズに入眠できる環境をつくり、朝は決まった時間に起きることを習慣づける。

Q&A こんなときは？

Q. ハイハイをあまりしないまま、つかまり立ちをするようになりました。そのままにしていて、よいでしょうか？

A. ハイハイを省略してしまう赤ちゃんもいます

ハイハイから、立つ、歩くと順を追って成長したほうがよいことは確かですが、最近は、フローリングの床がすべりやすくハイハイしにくいなどの住宅事情もあり、いきなりつかまり立ちをする赤ちゃんもいます。ハイハイは、全身の筋肉をバランスよく使うよい運動なので、できればたくさんさせたいものです。まわりにつかまるものがなければ、自然とハイハイするようになるため、広い場所で遊ばせるのもよいでしょう。

ハイハイでの移動が上手になります。おすわりの状態からつかまり立ちができるようになり、さらにいすや机を伝って歩く、伝い歩きができるようになります。喃語の中に意味を含んだ言葉が混じり始め、人とのコミュニケーションが楽しくなる時期です。

0歳

は11か月頃になると、**上下で4本程、生えそろいます**。

●排せつしたことがわかる

1歳近くになると、おしっこをしたことが自分でわかり、その不快さを、わかりやすい態度で示すようになります。トイレの自立はまだ先ですが、おしっこをしたというサインが見られたら、「チッチが出たんだね」と声をかけるなどして、排尿の感覚をつかんでいきます。

> つかまり立ちが
> できるようになる

●ハイハイがスムーズに

この頃の移動手段は、まだハイハイです。スピードが速くなり、自分の行きたい方向へスムーズに進むことができるようになります。

階段は、**四つばいや高ばいで上り下りできる**ようになります。ただし、下りるときは後ろ向きです。

障害物も上手に避けて移動できます。

●つかまり立ち

10か月頃から、机やいすに手をついて立つ、**つかまり立ちをする**ようになります。はじめのうちは、重心をつま先のほうにかけてしまう、つま先立ちが多く見られ、上手に体を支えられず、しりもちをついてしまうこともあります。おしりを支えるなどのサポートをしながら、何度かくり返していくと、重心が安定して立てるようになります。

> 伝い歩きを
> するようになる

●いすや机を伝って歩く

足の裏全体に重心をかけることができるようになり、つかまり立ちが安定し始めると、今度は机やいす、壁を伝いながら歩く、**伝い歩きが始まります**。伝い歩きで歩ける歩数が増えると、だんだんと一人歩きができるようになっていきます。

■ つかまり立ち

10か月頃から机やいすに手をついて立つようになる。足の裏に重心を置けず、不安定になるようであれば、サポートする。

■ 伝い歩き

つかまり立ちの状態から、いすや机を伝って歩く。転倒することも多いので、安全に配慮して事故を防ぐ。

0歳9か月～1歳 の発達のようす

●パラシュート反応

つかまり立ちや伝い歩きができる頃になると、赤ちゃんには**パラシュート反応**が見られるようになります。パラシュート反応とは、うつぶせにした赤ちゃんを持ち上げ、そのままの姿勢で下ろそうとすると、赤ちゃんが自分の体を守ろうとして、**両手を前に出す反応のこと**です。この反応によって、うまく立てなかったり、歩けなかったりして転倒しそうになったときに、本能的に自分の身を守ることができます。

●ホッピング反応

ホッピング反応も、赤ちゃんが本能的に自分の体を守ろうとする反応です。赤ちゃんを立たせた状態で、体を前や後ろ、左右に倒そうとすると、体が倒れないように、**足を自然と踏み出す反応**が見られます。この反応が出るようになれば、つかまり立ちや伝い歩きが始まる目安になります。

●転倒事故への注意

つかまり立ちや伝い歩きの時期は、体が安定せず、すぐに転んでしまうことも多くなります。まわりに頭をぶつけてしまう障害物はないか確認するなど、安全な環境づくりを心がけ、目を離さず見守ってあげるようにします。

一人で立てるようになる

●バランスをとって立てる

つかまり立ちが安定すると、そこから手を離して、一人で立つこともできるようになります。**おすわりの状態から一人で立ち上がる**ことができたり、**立った状態のままで後ろを振り返ったり**するなど、関連動作もできるようになります。

バランス感覚が発達すること、うまく体重移動ができるようになること、重心を安定させられることが、うまく立てるようになるポイントです。

●ファーストシューズを選ぶ時期

伝い歩きができるようになり、一人で立てるよ

■ パラシュート反応

うつぶせの赤ちゃんを上に持ち上げ、そのままの姿勢で下へ下ろすと、体を守ろうとして、両手が前に出る。

■ ホッピング反応

赤ちゃんを立たせた状態で、体を前や後ろ、左右に倒そうとすると、倒れないようにと、自然に足を踏み出す。

うになれば、歩き始めるのはそう遠くありません。徐々に靴をはいて歩く感覚に慣れさせていきます。

発育の早いこの時期は、足のサイズがどんどん変化するため、**2〜3か月に一度は靴のサイズを確かめて**、足にフィットするものを選ぶようにします。足に合っていない靴を選ぶと、足が変形してしまう恐れがあるので、適切なサイズやかたちの靴を用意することが大事です。

手指が発達する

●ものをつまめるようになる

神経が発達するため、手指がさらに発達して、指先を細かく動かせるようになります。10〜11か月頃になると、**親指と人差し指の2本の指で、ものをつまめる**ようになります。また、器の中に入っているものを次々と出したり、入れたりすることを好んでするようになります。

●小さなものを穴に入れる

11か月〜1歳頃になると、さらに細かな動きができるようになります。小さなものを親指と人差し指でつまんで、穴に入れようとします。ほかにも、**ボタンをおしたり、積み木を2つ重ねたり**できるようになります。ペンなどを手に持って、左右に往復させてなぐり描きができるようになります。

●誤飲に注意

指先が器用になったことで、床に落ちているものを何でも拾って口にしてしまうことも多くなります。赤ちゃんの手の届くところに、口に入ってしまう大きさのおもちゃやものを置いておかないようにし、**誤飲事故が起こらないような環境づくり**をしなければなりません。

■ 手指の発達

10〜11か月

親指と人差し指の2本で、ものをつまめるようになる。

11か月〜1歳

リモコンなどの小さなボタンをおせるようになる。

0歳9か月〜1歳 の発達のようす

0歳9か月〜1歳の こころ の発達

発達の目安
- ☐ 自己主張が強くなる
- ☐ 興味・関心を持ったものを指さす
- ☐ 指をさすことで意思表示をする

意思表示をするようになる

●**自己主張が強くなる時期**

「〜したい」「〜が欲しい」という**自己主張が強く**なり、泣いてしまうことが多くなります。言葉の理解力は発達しても、それを言葉で伝えることができないもどかしい気持ちから、泣いたり叫んだりします。

まずは、「〜したかったんだね」と赤ちゃんの思いを代弁し、気持ちを受け止めてあげ、要求をかなえてあげられないときは、「〜したいんだね。でも、今は〜をやろうね」と**言葉で伝えることが大事**になります。

●**指さしで伝える**

自分のやりたいことなどを**指さしで伝えようとする**ことが多くなります。これは、指さしによる赤ちゃんの意思表示で、やりたいことや、やってほしいことを伝えようとしています。

これは**視覚的共同注意**ともいい、赤ちゃんが興味を示したものを指さし、大人がそれを一緒に見ることで、指さしに含まれる意味を理解するというコミュニケーション手段です。指さしたものに対して、言葉で応えてあげると、言語の理解がさらに深まります。

■ 自己主張をする

欲求をうまく言葉で表現できない歯がゆさから、叫ぶ、泣くといった行動で主張する。気持ちを受け止めて語りかけると心が安定する。

■ 指さしで意思を示す

保育者に興味を持ってほしいものなどに対して、盛んに指をさし、意思を伝えるようになる。

0歳9か月〜1歳の　ことばの発達

発達の目安
- ☐ 喃語がいっそう盛んになる
- ☐ 意味を含んだ言葉、初語が現れる
- ☐ 理解できる語彙が増える

初語が現れる時期

●意味のある言葉を話す

　この時期は、**言葉の理解が進み、初語が現れる時期**です。初語とは、喃語の中で発せられる、「ママ」「パパ」といった**意味のある言葉のこと**をいいます。おなかがすいた、ご飯が欲しいといった意味の「マンマ」を発する赤ちゃんが多いといわれています。初語は10〜11か月を過ぎた頃から現れ、1歳1か月頃までには、たいていの赤ちゃんに現れます。

理解できる言葉が増える

●わかりやすく言葉を発する

　赤ちゃんは、話す力よりも聞いて理解する力のほうが先に発達します。多くの言葉を理解し始める時期のため、わかりやすい言葉で伝えてあげることが大事です。赤ちゃんが発しやすい、いわゆる**赤ちゃん言葉で話しかけて発語の機会を促した**り、言葉で表現するときは、それを表す**ジェスチャーをつけた**りして、言葉の意味を理解できるようにしてあげるとよいでしょう。

■ 初語が現れる

喃語の中に、意味のある言葉、初語が混じる。初語には、「マンマ」「ママ」「パパ」といった赤ちゃんが発しやすい言葉が多い。

■ 言葉の理解を促す

理解する言葉の量が増える時期。語彙を増やすために、発声しやすい言葉を使い、ジェスチャーも交えて伝えるとよい。

0歳9か月〜1歳 の発達のようす

0歳9か月〜1歳の 人とのかかわり の発達

発達の目安
- ☐ 大人のまねをすることが多くなる
- ☐ 人とコミュニケーションをとることが楽しくなる
- ☐ しかられた内容が、わかるようになる

コミュニケーション力を育む時期

●模倣が始まる

この時期は、大人の行動をじっと見つめ、身振りをよくまねするようになります。たとえば、バイバイすると手を振る動作をし、バンザイをすれば一緒になって両手を上げ、まねをしてみせます。このような**模倣行動は、11か月頃に盛ん**になっていきます。

大人のまねが得意になるこの時期は、**コミュニケーション力を育む時期**でもあります。「こんにちは」「ありがとう」などと言いながら頭を下げたり、「いってらっしゃい」で手を振ったり、動作と言葉を交えて語りかけ、関わり合いの楽しさを伝えるのがよいでしょう。

●ほめて楽しさを伝える

また、この頃は**ほめられると喜んで何度も同じ動作をくり返します**。「バイバイは？」「パチパチは？」と動作を求め、それをほめると何度も手を振ったりたたいたりして喜びます。応答的なやりとりを楽しみましょう。

●「ちょうだい」遊び

まわりの人たちとコミュニケーションをとることを、楽しく思い始める時期です。たとえば、赤ちゃ

■ 模倣が始まる

大人の行動をじっと観察するようになり、同じ動作をまねるようになる。バイバイやバンザイ、パチパチはこの時期によく見られる模倣行動。

■「ちょうだい」遊び

「ちょうだい」と声をかけると、持っているおもちゃを渡すようになる。「ありがとう」とお礼を言うと喜び、やりとりを楽しむようになる。

んに持っているおもちゃを「ちょうだい」と言うと、おもちゃを差し出すようになります。反対に「どうぞ」と言っておもちゃを差し出すと、受け取ります。このような**やりとりが楽しくなり始める時期**で、何でもものを手渡そうとします。「ありがとう」と言って、赤ちゃんとのやりとりを楽しむことで、人と関わり合うことの楽しさを学んでいくことができます。

●絵本の読み聞かせ

　絵本の内容を理解し始めるのは1歳を過ぎる頃です。この頃の赤ちゃんは、まだ絵本を読んでも内容を楽しむことはできませんが、何にでも興味・関心を持つ時期なので、絵本を読み聞かせてあげるのはよいことです。

後追いが激しくなる

●特定の大人への愛着が増す

　8か月不安に引き続いて、後追いがいっそう激しくなる時期です。体が発達しハイハイができるようになったことで、自分の意思で動けるようになるため、愛着を行動で示そうとします。この時期は、好奇心とともに不安な気持ちもたくさん持っているため、「大丈夫だよ」「すぐ戻るよ」などと声をかけ、安心させてあげることが大切です。

やってはいけないことを教え始める時期

●しかられたことがわかる

　言葉の意味の理解が始まるため、やってはいけないことを「ダメ！」と教えてあげることができます。あぶない行動をとろうとしたら、口調を強く、また表情でいけないということを伝えます。しかられているということがわかり、**やってはいけないことだと認識する**ようになります。

■「ダメ！」の意味がわかる

言葉の理解が進んでいるため、危険なこと、やってはいけないことを注意すると、しかられた意味がわかり始める。

Q&A こんなときは？

Q. 急に奇声を発することが多くなりました。どう接したらよいでしょう？

A. 声を出すことが楽しいのかもしれません

何かを訴えたいというわけではなく、単純に声を出すのが楽しくて、奇声を発していることもあります。発声の練習をしているのかもしれません。大きな声を出してもよい場所で、楽しそうにしているのであれば、一緒に遊んであげ、静かにしなければならない場所では、落ち着かせてあげるようにしましょう。

[生活習慣] 0歳の食事

ミルクから離乳食へ徐々に移行していく時期です。赤ちゃんの成長に応じて、適切な栄養をあたえられるようにします。

0歳〜 授乳の仕方

●授乳の姿勢（右利きの場合）

左手で赤ちゃんをしっかりと抱き、右手で哺乳瓶を持ちます。左のひじの内側に頭をのせ、左の手のひらでおしりを支えます。赤ちゃんが空気を飲んでしまわないように、哺乳瓶は傾けて、**乳首の部分にミルクが満たされた状態**を保つようにします。

●授乳の手順

粉ミルクを調乳、または冷凍母乳を解凍し、ミルクを作ります。赤ちゃんの口のまわりは、ガーゼで清潔に拭いておきます。哺乳瓶を赤ちゃんの口に軽くあてると、**吸啜（きゅうてつ）反射で吸いつこうとする**ので、乳首を吸わせてミルクをあたえます。舌で乳首をおしてきたら「もう飲まない」というサインなので、無理に飲ませないよう気をつけましょう。授乳が終わったらきれいに口を拭いてあげます。

■ 授乳の姿勢

いすに座り、赤ちゃんをしっかりと抱く。

言葉かけ のヒント

授乳はスキンシップの機会

授乳は栄養摂取のためだけではなく、赤ちゃんと信頼関係をきずく大切な時間です。赤ちゃんと目が合わせられる20〜30cmのところに顔を近づけて微笑みかけ、やさしく名前を呼びかけたり、語りかけたりしながら授乳するようにしましょう。毎回、同じ保育者が担当するようにします。

0歳〜 必ずゲップをさせる

●ゲップのさせ方

授乳後は、必ずゲップをさせます。眠っているときに、**ミルクを嘔吐して窒息事故の原因**となる恐れがあるからです。ゲップをさせるには、背中をトントンとやさしくたたいたり、下から上にさすったりします。縦抱きにして、赤ちゃんのみぞおちが保育者の肩の骨にあたるようにすると、腹部が圧迫されて、ゲップが出やすくなります。ミルクを吐いてしまうこともあるため、保育者の肩に布を置いておくとよいでしょう。

■ ゲップの姿勢

縦抱きにして、背中をたたいたり、さすったりする。

調乳の仕方 （0歳〜）

●粉ミルクの作り方

消毒した哺乳瓶にお湯を半分入れます。そこへ粉ミルクを入れ、残り半分のお湯を足して、哺乳瓶を軽く振って粉ミルクを溶かします。

哺乳瓶は氷水に浸すか、あるいは流水で冷まします。目安は、**人の体温である38〜40℃**です。哺乳瓶からミルクを数滴、手の甲や腕の内側にたらしてみて温度を確認します。哺乳瓶が冷えていても、中のミルクは冷めていない場合もあるので、必ず**保育者の皮膚で確認することが大切**です。

●冷凍母乳の解凍

母乳バッグをボウルに入れ、流水で解凍します。解凍が終わったら、哺乳瓶に母乳を入れてお湯に浸し、38〜40℃になるまで温めます。夏以外の季節であれば自然解凍でもよいでしょう。

■温度チェック

手の甲や腕の内側で温度を確認する。

これはNG!
母乳の解凍時には注意を！
母乳を解凍するとき、電子レンジや熱湯は使用しないようにします。母乳に含まれている免疫物質やタンパク質などが壊れてしまう恐れがあるためです。

哺乳瓶の扱い方 （0歳〜）

●飲みやすさに注意

授乳時は、哺乳瓶からミルクが適量出ているかどうかを**泡の大きさや口元を見て確認**します。キャップを強く締め過ぎると、**真空状態になってミルクが出にくく**なります。反対に締め方がゆるいと、ミルクが大量に出てきてしまって、むせてしまうこともあります。

うまくミルクが飲めないと、泣いてしまったり、疲れて寝てしまったりすることがあります。適切な量が出るように調節しましょう。

■泡の出方をチェック

中が真空状態になると、ミルクが出にくくなる。

役立つ！ひとくふう
哺乳瓶をいやがる子には？
母乳に慣れている子は、哺乳瓶をいやがることがよくあります。ある程度の月齢に達していれば、コップやストローで飲ませるのもひとつの方法です。

[生活習慣]

0歳〜 哺乳瓶の選び方

●さまざまなサイズとかたち

乳首の大きさには、Sサイズ、Mサイズがあり、また穴のかたちには、丸型、クロスカット、Y（スリー）カットがあります。小さなSサイズから使用し、4〜5か月でMサイズに移行することが多いです。**個人差もあるので、適切なものを選ぶようにしましょう。**

保護者との連携
適切な哺乳瓶を選ぶためには？
保護者と相談し合うことが大切です。家庭でどんな哺乳瓶、乳首を使用しているかを聞き取り、家庭の環境に合わせます。その形状や穴が適切かどうかは、赤ちゃんの様子を見ながら、相談していきます。

■乳首の穴のかたち

左から、丸型、クロスカット、Y（スリー）カット。

0歳3か月〜0歳6か月 離乳食のあたえ方〈ゴックン期〉

●スープ状のものを飲み込む

5か月頃から離乳食を始めます。大人が食事をしているのを見て興味を示し、口を動かす、よだれが出るなどの様子が見られるようになったら始める目安です。離乳食初期は、**スープ状のものを飲み込む**、いわゆるゴックン期です。はじめは、ドロドロ、ベタベタのやわらかいものをひとさじあたえます。唇をスプーンで刺激して口を開けさせ、口に入れてみます。舌を前後に動かすことで液体を飲み込めるようになります。

■ゴックン期

膝にのせて抱き、ひとさじずつスプーンであたえる。

●焦らずに進める

この時期は、**1日1〜2回、液体状の食事をあたえる**ことが目標ですが、まずは焦らず、1日にひとさじ程度をあたえるようなつもりで進めるようにします。口に運んでも食べなくなってしまったら、ある程度時間をおいてから再開するなど、気長に進めることが大切です。

援助のポイント

- [ ] おすわりができないため、授乳時と同じく、膝にのせて、スプーンで口へ運ぶ。
- [ ] 離乳食を始められる頃になれば、スプーンでスープなどが口へ運ばれたとき、いやがらずに飲む。
- [ ] まだミルクを飲みたがる時期。ミルクを飲みたがったら、離乳食を食べ終えてから、飲みたいだけあたえる。

離乳食のあたえ方＜モグモグ期＞

（0歳6か月〜0歳9か月）

●モグモグできるようになる

食べものがスムーズに飲み込めるようになるのは、7か月頃です。**離乳食の回数は、1日2回に**なります。歯はまだ生えてきませんが、**舌を上下に動かしてつぶして食べる**ことができます。いわゆるモグモグ期と呼ばれる時期です。

だんだんと離乳食の味がわかるようになってきます。**離乳食は薄味が基本**なので、食材そのものの味を損なわないような味付けにし、成長に合わせて、徐々に食材の種類を増やしていきます。

内臓機能が発達するので、豆腐や白身魚などのタンパク質も摂取できるようになります。タンパク質は、体をつくる重要な栄養素ですが、内臓への負担が多くかかるため、**摂取量には注意が必要**です。また、アレルギーの原因となる恐れもあります。

●かたちのあるものを

やわらかいものばかりを与えていると、つぶさずにそのまま飲み込んでしまうようになります。成長に合わせて、**舌や上あごでつぶせるくらいのかたさのあるもの**をあたえるようにしましょう。舌でつぶせる程度やわらかく煮たカボチャやニンジンなどは、喜んで食べるようになります。

この頃は、おすわりができるようになっているので、ベビーチェアに座らせて食べさせます。食器は投げても割れないプラスチック製のものを用意し、また、食べこぼしでまわりが汚れてもよいように、エプロンをしたり、テーブルの下にビニール素材の敷物を敷きます。

環境構成のポイント

食べることに集中できる環境を

みんなで一斉に食事をするのがむずかしい時期です。保育の現場では、食事する赤ちゃんがいる一方で、遊んでいる赤ちゃんも同じ部屋に存在します。食べることに集中させるため、収納ボックスや棚を仕切りにして、食事をする場所と遊ぶ場所を区切るなどの環境づくりが大切です。

■ベビーチェアで食べる

汚れの対策として、エプロンをしたり、床の上にビニールシートを敷いておく。

[生活習慣]

離乳食のあたえ方 ＜カミカミ期＞
0歳9か月〜1歳

●歯でかめるようになる時期

下の歯が生えてくる時期で、**歯と歯茎でかむ**、カミカミ期と呼ばれる時期です。**離乳食の回数も増え、1日3回となります。**食べられる量もぐんと増え、必要な栄養は離乳食からとるようになります。まだ卒乳には早いため、ミルクの量は1日1回、あるいは必要のある場合、様子を見てもう1回増やす程度になっていきます。

●手づかみで食べる

粗つぶしや粗みじんで調理し、歯茎でつぶせるくらいのかたさのものをあたえるようにします。

基本は、保育者がスプーンであたえますが、**手づかみで食べたがる**ようになります。手指の発達とともに、ものをしっかりとつかめるようになったら、手でつかみやすい大きさに食材をカットしたり、小さなおにぎりやパン、スティック野菜などをメニューに加えます。手づかみで食べる場合、うまく口へ食べものを運べず、ぼろぼろとこぼしてしまうので、テーブルの下にビニールシートを敷くのがよいでしょう。

●スプーンで介助する

食べる量よりもこぼす量のほうが多く、自分一人では必要量を食べることができません。**スプーンによる保育者の介助が必要です。**スプーンであたえるときは、丸飲みをして早食いにならないように気をつけます。咀嚼力を鍛えるためにも、ゆっくりと食べものを口に運ぶようにします。手づかみで食べているときに、タイミングを合わせてスプーンで口へ運び、食事を進めるようにします。

■手づかみで食べる

手づかみで食べられるように、つかみやすい食べものをメニューに加える。

これはNG!
保育者の介助のし過ぎはNG!
「汚されるのが面倒」「早く全部食べてほしい」といった理由で、保育者が赤ちゃんの口にすべての食べものを運んではいけません。食べるのに時間がかかっても、食べ方を学んでいく時期なのです。

赤ちゃんが口を寄せるタイミングに合わせましょう。

役立つ！ひとくふう
遊び食べをしたり、吐いたりする子には
手づかみで食べる頃になると、食べものをつかんでぐちゃぐちゃにする遊び食べをするようにもなります。食事の内容を変えてみる、だらだらと食べさせ続けず時間を区切るなどの工夫をしましょう。また、食べたものをわざと吐き出すこともあります。この時期の赤ちゃんにとっては、吐き出すことも遊びのひとつ。だめと言ってもわからないため、気がすむまでやらせてあげるくらいの余裕をもって見守ります。離乳食の量が多過ぎないかどうかも検討してみましょう。

0歳の 排せつ

おむつかぶれのトラブルが起きないように、清潔にケアします。1歳近くになると、トイレトレーニングの始まりです。

0歳〜1歳 おむつ交換の仕方

●おむつを外す
まず、赤ちゃんの肌着を脱がせて、おしっこかうんちかを確認します。その後、新しいおむつを汚れたおむつの下に差し込むようにし、片方の手で赤ちゃんの両足首を持って、もう片方の手で汚れたおむつを丸めながら外します。

●おしりを拭く
おしっこだけのときは、**ガーゼでよく拭き**、うんちのときは、**やわらかいペーパーで便が残らないようによく拭く**ようにします。やわらかい便のときは、ガーゼを濡らして、便が残らないように拭き取ります。なお、下痢のうんちには紙おむつが経済的です。

●おむつをあてる
おしりをよく乾かしてから、新しいおむつをあてます。おむつは**おへそが見える位置で留めます**。これは、腹部を圧迫して赤ちゃんがしている腹式呼吸を妨げてしまわないためです。おなかとおむつのあいだに指が入るくらいの余裕をもたせ、左右を留めます。

交換をいやがる赤ちゃんには、好きなおもちゃを持たせて、興味をそちらへ向けさせておくのも手です。

援助のポイント
- □ 女の子の場合、尿道にうんちが入らないように、おしりは前から後ろへそっと拭く。
- □ 男の子の場合、陰嚢（いんのう）の裏側や、おちんちんと陰嚢のあいだをしっかりと拭く。

これは NG!
赤ちゃんは脱臼しやすいので注意！
おむつ交換のときに、足だけを持っておしりを上げようとすると脱臼する恐れがあります。足を高く持ち上げたり、引っぱったりしてはいけません。両方の足首を持って、おなかに向かっておせば、自然におしりが持ち上がります。

生活習慣

[生活習慣]

おむつ交換のタイミング
0歳～1歳

●排せつしたら、すぐに

おむつ交換のタイミングは、**おむつが汚れたらすぐ**です。なかには、おしっこの量が少なく回数が多い場合や赤ちゃんが泣かない場合、おむつを交換しない保護者もいます。おむつ交換は、排せつの自立の基礎づくりなので、おしっこをしたら取り替えるというのが基本です。**保護者にもきちんと伝える**ようにしましょう。

赤ちゃんが不快に思って泣く場合はすぐに排せつがわかりますが、おむつのあいだに指を入れてみて、濡れているかどうか判断することも大切です。

役立つ！ひとくふう

おむつ交換時のスキンシップを

おむつを取り替えるときは、話しかけたり、触れ合い遊びをして、スキンシップをはかります。「きれいにしようね」「おむつを替えようね」などと声をかけるほか、おしりが十分に乾くまでのあいだ、マッサージをするのも効果的。たとえば、おへそのまわりを時計回りにやさしくなでて、マッサージをしてあげると、血行がよくなり腸の働きが活発になって便秘予防に効果があります。

おむつかぶれに注意
0歳～1歳

●おむつかぶれの予防策

0～3か月は、おしっことうんちの回数が多く、そのうえ肌はとても敏感なので、かぶれについては注意が必要です。長時間おむつをあてていると、むれてかぶれの原因となるほか、汚れたおむつには雑菌が繁殖します。**汚れたらすぐに交換する**ようにします。**おしりをよく乾燥させる**のも予防策です。そのほか、おむつにも合う合わないがあるため、かぶれる場合は、違うメーカーのものを試してみるのもよいでしょう。かぶれている場合は、保護者と相談のうえで軟膏を塗るなどケアをします。

役立つ！ひとくふう

おしりが赤いとき

おしりを洗って清潔にすることも欠かせません。ぬるま湯を洗面器に張り、その中でおしりを洗ってあげます。または、ガーゼをぬるま湯で湿らせて軽く絞り、おしりについたうんちを流すようにやさしく拭きます。

0歳6か月〜1歳 おまるに誘う

●尿意に気づく
膀胱がいっぱいになって、**尿意を自覚**するようになります。排尿後のサインはそれぞれですが、部屋の隅でじっとしているなど、不快そうな様子を見せるようになります。

●おまるに座らせてみる
おまるに座らせてみて、排せつ行為が身につくように促します。おむつ交換時に、おむつが汚れていなければ、おまるに座るように誘い、**経験として1分程度、座らせて**みます。

持ち手をしっかり握ることができ、安定した姿勢を保っているかが大切。フラフラしてしまうようなら、無理に座らせないようにします。足腰が弱く、不安からおまるに座るのをいやがる子もいます。

■おまるに座らせる

「おまるに座ってみようね」と声をかけて、座らせてみる。

援助のポイント
- いやがるようであれば、無理強いしない。
- 座ったら、不安がらないように、背中を支えたり、声をかけたりする。
- 便座にカバーをつけるなど、座りたくなるようなおまるにする。第一印象が肝心。

0歳9か月〜1歳 おまるでおしっこ

●タイミングを見計らう
「おしっこしようね」と声をかけ、おまるに座らせます。おしっこが出ると、おまるを**のぞきこんだり、泣いたりする**こともあります。おしっこができないと、おまるにまたがったまま、立ったり座ったりします。おまるではおしっこができなかったのに、おまるから降りたとたんに、おしっこをしてしまうこともよくあることです。

援助のポイント
- おまるに座ったら、「シー、シー」と声をかけて、おしっこを促す。
- おしっこができたときは、自信を持てるようにするため、オーバーなくらいにほめてあげる。

いっぱい出たねー！

0歳 生活習慣

[生活習慣] 0歳の 睡眠

成長とともに昼夜の区別がつくようになります。午睡の時間を調整し、1歳までに一定の生活リズムを形成するのが目標です。

0歳〜0歳6か月 睡眠のとらせ方

● 眠りに誘う

寝つくまでは、保育者が見守るようにします。寝つきのよくない子は、抱っこして眠らせるようにします。体温が上がって眠りについたら、ベッドへ連れていって寝かせます。安心して眠れるように、そばで眠りを見守り、手を握ったり、さすったりするとよいでしょう。

● 睡眠時の観察

眠っているあいだは、ミルクを吐いていないか、汗をかいていないか、ふとんがかかり過ぎていないかなどをチェックします。汗をかいているときは拭き取り、頭の下のタオルを交換します。発汗がひどいときは、着替えをするのがよいでしょう。

■寝ている様子をチェック

寝ているあいだの様子にも気をつける。

これは NG!
目覚めと同時に抱きかかえないこと
目が覚めても、しばらくはぼんやりしている状態のため、いきなり抱きかかえるのはよくありません。目が覚めたら、まず、名前を呼んでやさしく声をかけ、さわやかに目覚めさせてあげましょう。

0歳〜0歳9か月 SIDSに注意する

● SIDSとは

乳幼児突然死症候群といい、寝ているあいだに急に亡くなってしまう病気です。はっきりとした原因はわかっていませんが、6か月頃までは発症しやすいので注意が必要です。

うつぶせ寝は、仰向け寝に比べて発症しやすいというデータがあるため、うつぶせで寝かせないようにします。

● 睡眠中の確認

睡眠中は、観察をおこたらないようにします。10〜15分に1回は、寝ている様子を確認し、寝返りができる頃になったら、うつぶせで寝ていないかも注意するようにします。

役立つ！ひとくふう
毛布テストを実施しておく
仰向けに寝かせた状態でガーゼなどの通気性のよい薄い布を被せたときに、それを払いのけるために何秒間かかるかを記録しておきます。万一、SIDSが起こったときの証拠資料にもなります。

0歳3か月～0歳6か月 午睡のとらせ方

●眠りが浅くなる
昼と夜の区別がつくようになり、**午睡の回数は午前、午後、夕方の3回と、時間が一定**してきます。眠りが浅くなり、ちょっとしたことですぐ目を覚ましてしまうため、環境を整えることが大事です。

●寝られない場合
離乳食を始めた頃は、離乳食で十分に栄養をとれず、**おなかがすいてしまい寝つけない**こともあります。離乳食とミルクは一定量とらせるように心がけましょう。

また、**興奮し過ぎて寝つけない**場合もあります。午睡の前には激しい遊びは避けるなど、遊びのメニューを考える必要があります。

> **環境構成のポイント**
>
> **適度な光と温度を**
> 少しの物音でも、目を覚ましてしまう子もいるので、環境づくりに配慮が必要です。カーテンを閉めて、適度に暗くしましょう。また厚着をさせ過ぎると、暑苦しくて目を覚ましてしまうこともあるため、衣服にも気をつけましょう。

0歳6か月～0歳9か月 生活リズムを整える

●午睡のコントロール
午睡の回数は、**午前と午後の2回**になります。午睡をし過ぎると、夜、眠れなくなってしまい、生活のリズムがくずれてしまうのでコントロールが必要になります。

午睡の時間は、**1回30分～1時間程度**、長くても**2回で3時間程度**です。午後の午睡のスタート時間は、12～14時にします。15時以降に午睡をすると、夜、眠れなくなる場合もあります。

また、夜泣きをよくする子を、睡眠不足だからといって午睡で寝かせ過ぎると、夜の寝つきがますます悪くなってしまうため、注意が必要です。

■午睡は一定の時間に

生活リズムをくずさないよう、長時間の午睡に注意。

> **保護者との連携**
>
> **早寝、早起きの習慣を**
> 生活のリズムは、睡眠時間と食事を軸に、1歳をめざして整えていきます。決まった時間に起きる、決まった時間に寝るという生活ができるように、保護者と協力して、生活リズムをつくっていきましょう。

[生活習慣] **0歳の 着脱**

首がすわれば、上から被る衣服が着られるようになります。着脱の自立につながるように、工夫して援助していきます。

0歳〜0歳3か月　ベビーウェアの着せ方

●**寝かせた状態で着替えを**

首がすわるまでは、床に衣服を広げておき、そこへ赤ちゃんを寝かせて着替えを行います。あらかじめ、**着替えるベビーウェアと肌着は重ねて袖を通して**おきます。

服を脱がせるときは、赤ちゃんのひじを曲げるように引き、袖口から手を引き抜きます。服を着せるときは、まず袖口に赤ちゃんの手を通します。保育者が袖口から手を入れて赤ちゃんの手首を持ち、**袖と前身頃を引っぱって手を通し**ます。手が通ったら、肌着と服のひもを結びます。

●**しわやよじれ**

長時間の睡眠をする赤ちゃんにとって、しわやよじれは皮膚に負担がかかります。着替えのときは、衣服をのばして、**しわやよじれのない状態**にするように注意します。

■赤ちゃんの手を引っぱらない

袖口をたぐり寄せ、手を迎えにいくようにして通す。

言葉かけ のヒント

「着替えようね」と声をかけながら

声をかけることによって、服を着るという行為を覚えさせます。また、「暑いね」「きれいね」などといった言葉をかけることで、着替えをすることの気持ちよさや、空気の暖かさや冷たさなどの皮膚感覚を育てることができます。

0歳3か月〜1歳　適切な衣服選び

●**基本は薄着で**

体全体が脂肪に覆われていることや、運動量が多く活発になることから、**衣類の着せ過ぎで体温が高くなり過ぎない**ように注意します。寒さには強いため、大人よりも1枚少ない枚数を着せるのがちょうどよいとされています。下着は1年を通して半袖にします。

また、ハイハイが始まる9か月頃以降は、動きを妨げないように、**前身頃にボタンのない服**を選ぶほうがよいでしょう。

■衣類の着せ過ぎに注意

目安は大人より1枚少なくすること。

これは NG！

靴下は、はかせない

体温の調節がうまくできないときは、靴下をはかせますが、ハイハイやよちよち歩きのときは、靴下をはくとすべってあぶないため、なるべくはだしで過ごせるのがよいでしょう。そのため冬は特に、室温に十分注意をします。

0歳3か月～1歳　服の着せ方、脱がせ方

●保育者の膝にのせて着脱を
首がすわるようになったら、**上から被る服を着られる**ようになります。保育者の膝の上に赤ちゃんをのせて洋服を上から被せ、頭を出させます。次に、右、左と順に腕を袖に通します。9か月以降になれば、「バンザイしてね」などと声をかけると両手を上げ、協力的に脱げるようになります。

●脱ぐことの面白さを
着ることよりも脱ぐことを先にするようになります。まずは、靴下のつま先に指が触れ、引っぱったら脱げたという体験がきっかけとなって、靴下を自分で脱ぐようになります。

服についても、**脱ぎやすいところを引っぱって援助**し、脱ぐことの面白さを伝え、自立を促すようにします。

援助のポイント
- ☐ 自分で服を着る感覚を覚えさせるため、後ろ向きに座らせる。
- ☐ これから洋服を着るということを教えるため、前、後ろを一緒に確認する。
- ☐ 自分の着たい服を選ばせてあげて、着脱に関する意欲を育む。

0歳9か月～1歳　靴をはかせる

●靴の準備をする
伝い歩きが始まったら、歩き出すのに備えて、靴をはかせるようにします。10～20歩程度歩けるようになったら、靴の準備をします。骨がまだやわらかいため、**足が変形せず、発達に悪影響が出ないもの**を選びます。

具体的には、足首を守り、かかとをしっかり固定できるもの、靴底に柔軟性があるもの、通気性のよいもの、かかとに持ち手がつき、はきやすいものなどを選ぶのがポイントです。

■ 靴の選び方

ブーツ型のものやワンタッチで留められるものが便利。厚くかたいものは転倒しやすいので、付け根まで楽に曲がるものがよい。かかとに持ち手があると、はきやすい。

[生活習慣] 0歳の 清潔

沐浴は毎日します。歯が生え始めたら歯のお掃除をスタートさせます。母体免疫の切れる6か月以降は衛生管理に注意します。

0歳〜 沐浴の仕方

●沐浴をさせる
あせもなどの皮膚の疾患を防ぐため、また血行をよくして気分をリラックスさせてあげるため、沐浴は**季節を問わず、毎日行います**。

●沐浴の用意
ベビーバスの下にビニールシートを敷き、お湯を張ります。**お湯の温度は38〜40℃にし**、風邪を引かないように、冬のあいだは室温を20℃以上に保つようにします。沐浴時間は10分程度が目安です。

●お湯に入れる
服を脱がせたら沐浴布で体を覆います。そして、足先から首までゆっくりと、お湯につからせます。このとき、**首はしっかりと支え、股のあいだに手を入れて抱っこ**します。赤ちゃんが落ち着くまで、この状態を保つようにします。

●顔や頭を洗う
顔はガーゼでやさしく拭き、頭はガーゼで髪の毛を濡らし、泡立てた石けんで洗います。石けんは、ガーゼでぬぐいます。

●体を洗う
首は汚れがたまりやすい場所です。泡立てた石けんでしっかり洗います。

腕、胸、おなかの順になでるように洗い、次に足と股を洗います。手や足の指のあいだも忘れずにしっかりと洗います。

背中とおしりは、体を返して洗います。このとき、沐浴布は体から外します。

最後に、洗面器にためたお湯で石けんを洗い流し、用意したバスタオルの上に移動させ、手早く体を拭きます。

> **役立つ！ひとくふう**
>
> **顔拭きをいやがるときは**
> 目のあたりを拭かれるのをいやがる子が多くいます。ほっぺたとおでこを先に拭いて、緊張をとってあげ、そのあと、目をふさいでしまわないように、目じりから目頭へさっと拭きます。

■沐浴の仕方

首はしっかりと支え、股のあいだに手を入れて抱っこする。

背中とおしりを洗うときは、体を返す。

ボディケアの仕方 （0歳～）

●体の清拭
体を拭くときは、やわらかいタオルをお湯につけて絞り、首、腕、脇の下、胸、おなか、足の付け根、足、背中、おしりの順に拭きます。顔は最後に新しいタオルでやさしくていねいに拭きます。

●各部位のお手入れ
耳や鼻は、綿棒で穴の入り口をかるく拭き、**穴の奥まで綿棒を入れない**ように注意します。目やには、目頭から目じりへ向けて、濡らしたガーゼで拭き取ります。

おへそは、へその緒が取れた後もジクジクしているので、消毒をこまめにします。綿棒に消毒液をつけてかるく拭き、おむつでこすれないように、**ガーゼをあてて**おきます。ジクジクがおさまり、おへそが乾いたら、水分を拭き取るだけで十分です。

■おへそのケア

ジクジクしているときは、綿棒で消毒液をつける。

> **役立つ！ひとくふう**
>
> **あせもに注意！**
> 赤ちゃんは汗っかきです。そして、赤ちゃんの肌はとてもデリケートなので、あせもにならないようなケアが必要です。厚着をしない、こまめに拭いて汗をそのままにしておかないなど、注意しましょう。夏場は沐浴を1日2回しても大丈夫です。汚れのたまりやすい部分を集中的に洗ってあげましょう。

歯の掃除の仕方 （0歳6か月～0歳9か月）

●汚れはガーゼで
乳歯の生え始めは、虫歯になりやすいので、食後の歯の掃除を欠かさないようにします。まだ、歯ブラシは使えない時期なので、**ガーゼを使います**。

ガーゼを人差し指に巻きつけてお湯で湿らせ、横抱きにした赤ちゃんの口に指を入れて歯に付着した汚れを拭き取ります。**歯のエナメル質を損なわないように**、やさしく拭きます。

■ガーゼで拭き取る

横抱きにした赤ちゃんの口にガーゼを巻いた指を入れる。

[生活習慣]

0歳6か月〜0歳9か月　衛生管理に気をつける

●**母体免疫（ぼたいめんえき）が切れる**

6か月以降は母体免疫が切れるため、発熱、腹痛、風邪など感染症にかかりやすくなります。そのため、**ウイルス対策をする必要が**あります。

●**おもちゃや備品は清潔に**

何でも手で触れてみて、口に運んでしまう時期です。身近にあるおもちゃ、手の届きやすい備品類は、毎日清潔にしておきましょう。特にガラガラや歯固めなど、なめたり、かんだりするおもちゃは、唾液からたくさんの雑菌が繁殖するため、消毒が欠かせません。また、口に入れるおもちゃは、**個人専用のものをあたえ**、共有することは避けるようにします。

■身近なものを清潔に

口に入れるおもちゃや衣服は、こまめに消毒を。

環境構成のポイント

感染症が発生したら

赤ちゃんが動きまわる床は、常に清潔に保っておきます。特に、夏場の細菌が繁殖しやすい時期は注意して、殺菌、消毒を行います。感染症が発生した場合は、室内全体を小型の噴霧器で消毒するなどして、相互感染を防ぐ対策をとります。

0歳9か月〜1歳　歯みがきをスタート

●**歯みがきをいやがらないように**

上の歯が2本、下の歯が2本生えそろったら、歯みがきをスタートさせます。ベビー用の歯ブラシを使い、歯のエナメル質を壊さないように、**かるい力でみがきます**。この時期は、歯みがき粉はまだ使いません。保育者の膝に頭をのせ、仰向けに寝かせて行います。歯ブラシはえんぴつ持ちで左右に動かし、上の歯、下の歯と、順にみがきます。

歯みがきをいやがらないよう、大人が楽しそうにみがいて見せたり、遊びの雰囲気を出して、楽しいものだと教えるようにします。

■すみずみまできれいに

えんぴつを持つように歯ブラシを持って表、裏、隅々まできれいに。

援助のポイント

- [ ] 赤ちゃんはじっとしていることができないので、1〜2分をめどに、すばやく終わらせる。
- [ ] 歯みがきをいやがることがないように、楽しそうにみがくようにする。

1歳の発達

- 1歳～1歳6か月の発達のようす……………72
- 1歳6か月～2歳の発達のようす……………82
- 1歳の生活習慣……………………………………90

1歳〜1歳6か月 の発達のようす

1歳〜1歳6か月の **からだ** の発達

発達の目安
- ☐ 乳児体型から幼児体型へ、体つきが変わる
- ☐ 一人で歩くことができ、だんだんと上手になる
- ☐ スプーンやクレヨンなど、道具を使えるようになる

体・脳の発達と生活リズム

●脳や体の発達

体重は、おおむね7〜12kg、身長は70〜85cmに成長します。

脳の重さは1歳6か月くらいになると、1kgを超えるようになり、脳の各部分の比率も、成熟した脳に近づきます。

神経系の発達によって、乳児期に見られていた反射は消えて、代わりに視覚や聴覚などとつながった体の一連の動きが、みずからの意思でコントロールできるようになっていきます。

●おしっこのコントロールはまだ

おしっこは、まだ**自分の意思でコントロールすることはできません**。おしっこの間隔が2時間以上になってきたら、回数も少なくなり、トイレですることにも挑戦できるようになります。

●午睡は1日1回に

睡眠時間は、1日11〜14時間程度です。午睡は1日1回になり、長さは1〜2時間程度となります。**午睡を必要としなくなる子も出てきます**。目覚めていられる時間は、1歳6か月くらいになると4時間半にもなります。

■ 乳児体型から幼児体型へ

乳児体型から幼児体型に変わっていく時期。一人で歩けるようになり足腰が発達し、体が引きしまってスマートになる。

Q&A こんなときは?

Q. 上手に歩いていた子が、ハイハイに戻ってしまいました。どう対応したらよいでしょう?

A. 発達は一進一退。心配いりません

今までできていたことを、急にしなくなってしまうことは、めずらしいことではありません。焦ったり、心配したりするかもしれませんが、やさしく見守ってあげましょう。そのうち、また歩き始めるようになります。

Q. 1歳6か月になったのに、一人歩きができない子がいます。遅いでしょうか

A. 焦らずに見守りましょう

伝い歩きができていて、定期健診などでも問題がないようであれば、心配することはありません。歩き始めには個人差があります。

一人で歩き始める時期です。足腰が発達するため、丸みをおびていた乳児体型は、すっきりした幼児体型に変わります。みずからの意思で歩けるようになると同時に、自我がめばえ、何でも自分でやりたがります。自分と他人の区別もつき始めます。

●乳児体型から幼児体型へ

つかまり立ち、伝い歩きができるようになると、下半身が発達するため、体つきも変わってきます。体全身に筋肉がつくことで、赤ちゃん特有の丸みをもった**乳児体型から幼児体型へと成長**していきます。

●離乳食から普通食へ

母乳を欲しがるときはあたえてあげますが、**卒乳を完了させるのは、1歳6か月が目安**です。個人差があるので、焦ることはありませんが、1歳を過ぎたら、1日3食の離乳食を定着させることを目標とし、1歳半を過ぎる頃には、離乳食から普通食へ移行できるようにします。

> 一人で歩ける
> ようになる

●一人歩きが可能に

つかまり立ち、伝い歩きができるようになり、一人で立つことができるようになると、徐々に歩けるようになります。個人差もありますが、**遅くても1歳6か月までには歩ける**ようになります。

●バランス感覚が大事

歩くには、下半身の筋肉の発達も大事ですが、バランス感覚が養われることも不可欠です。はじめは歩幅が大きく、**両手を上げてバランスをとりながら、2〜3歩以上の歩行**をします。

一人歩きが安定してくれば、手を上げてバランスをとらなくても歩けるようになります。みずから立ち上がって歩き出すことができるようにもなります。そのほか、ものを持ったまま立ち上がることができたり、目標に向かって直線的に進んだりできるようになります。

●ボールを蹴るなどの動きも

一人歩きがスムーズにできるようになれば、さまざまな動きを見せるようになります。**小走りする、ボールを蹴るといった動きもできる**ようになります。箱や車をおして遊んだり、ボールを投げたり蹴ったり、台によじのぼったりもできるようになります。

1歳

■ 一人歩きができる

1歳を過ぎた頃から、一人で歩くようになる。はじめはよちよち歩きで、両手を上げてバランスをとりながら、2〜3歩歩く。

■ スムーズに歩ける

1歳4か月〜6か月になると、円滑な歩行ができるようになる。小走りをする、ボールを蹴る、ものを運ぶといったこともできるようになる。

1歳～1歳6か月 の発達のようす

目標までのあいだに障害物がある場合も方向を変え、避けて進んだりすることができるようになります。

●転倒事故に注意

よちよち歩きのときは、体のバランスをうまくとれずに、転倒してしまうことがよくあります。ものにぶつかったり、あぶないものに触ってしまったり、ぐらつくものを引っぱってしまったりと、危険はいたる所にあります。整理整頓をして、安全な環境をつくるようにしましょう。公園などの広い場所で歩く練習をさせてあげるのもよいでしょう。また、服装も、伸縮性があって動きやすいものを選び、動きを妨げないようにしましょう。

手指の機能が発達し、道具が使える

●複雑な動きができるようになる

手指がさらに発達し、指先を使ってビンの中にボタンを入れる、小さな穴の中に積み木を入れることなどを楽しみます。

手首の動きも発達するため、**回したり、ねじったりする動きもできる**ようになります。また、道具を使い始めるようになります。

●お絵かきができる

クレヨンなどをギュッと握って、お絵かきするようになります。1歳～1歳3か月頃は、**上下左右に手を動かす直線的な描画**が多いですが、1歳6か月頃になれば、**ゆるい曲線が描ける**ようになります。これは、運動機能が発達して、腕を回す動きができるようになったためです。

●積み木を3個以上重ねられる

積み木は、1歳～1歳3か月頃であれば、くずさないように重ねて手を離すことができますが、3個以上は重ねられません。1歳6か月くらいになると、**3個以上重ねられる**ようになります。

●歯みがきができる

日常の生活においても、手指の発達から、歯ブラシを自分で持つことができるようになり、**大人のま**

■ 道具が使える

クレヨン

クレヨンを持って、なぐり描きをする。直線だけでなく、曲線も徐々に描けるようになる。

積み木

積み木をくずさずに重ねられるようになる。1歳6か月くらいになると、3個以上重ねられる。

スプーン

スプーンで離乳食を食べ始める。下から握ると食べづらいので、上から握るようにする。

ねをしながら歯みがきができるようになります。

● スプーンを使える

離乳食の場面でも、**スプーンが使える**ようになります。1歳～1歳6か月頃のスプーンの使い方は、手の甲を上にして持つ「上握り」です。ただし、腕全体でスプーンを動かすため、こぼしやすい持ち方です。大人と同じ持ち方ができるようになるのは、2歳を過ぎた頃からです。

● いたずらも出てくる

手先が器用になり、さまざまなことができるようになることから、電話やリモコンのボタンをおしてしまう、開けてほしくない扉を開けてしまうなど、困った行為も出てきます。「だめ！」という否定的な言葉を連発して、**好奇心を削いでしまわないような環境づくり**も大切です。

視覚、聴覚が発達する

● 色の認識

色彩感覚が発達していき、**原色以外のたくさんの色がわかる**ようになります。絵本の中に出てくる色や、散歩で見つけるさまざまな色を言葉で示すことで、名前もだんだんと覚えていきます。早い子だと1歳6か月頃には**色の名前を言える**ようになります。

● 音の聞き分け

さまざまな**音を聞き分けられるようになります**。隣の部屋など、見えない場所で鳴った音に反応したり、音がする方向を正確に見つめたりします。

音の高い、低いを聞き分けることができ、さらに、電話や玄関チャイムの音など、音の種類も理解できるようになります。また、楽しい曲調の歌を聞くと、それに合わせて体を揺するようにもなります。

■ 色の種類がわかる

原色以外の色がわかり始め、さまざまな色を覚える。色を見ながら語りかけることで、名前を覚えるようにもなる。

■ 音の聞き分けができる

音の高い、低いがわかり、電話の音やチャイムの音など、さまざまな音の違いを聞き分けることができるようになる。

1歳～1歳6か月 の発達のようす

1歳～1歳6か月の こころ の発達

発達の目安
- 大人の指示を受けずに、自分でしたがるようになる
- 大人のまねをして、何でもやりたがる
- 見立て遊び、ごっこ遊びができるようになる

自我がめばえ、自立したがる時期

●自我がめばえる

この時期は、**自我がめばえ、育っていく大切な時期**にあたります。

体の発達とともに、自分の意思で動けるようになると、自発的で主体的な探索活動によって、どんどん好奇心が満たされるようになります。それによって赤ちゃんの中にも自信がめばえてくるため、今度は「**何でも自分でやりたい！**」という意欲が出てきます。

●自立欲求が出てくる

このように、何でも「自分で！」とやりたがる行動を、**自立欲求**という言葉で表現することもあります。今までまわりの大人がしてくれていた食事などの援助をいやがるようになり、自分でやってみようとする姿が見られます。

いやいやしたり、反抗的な言動も出てくるようになりますが、これは自我がめばえるこの時期の自己主張のひとつです。

反抗的な態度を見せていたかと思うと、雰囲気で気分が変わりやすく、ころっと態度が変わるのも、この時期の特徴です。

■自立欲求がめばえる

何でも自分でやりたがる時期。今までされていた援助を拒むようになり、反抗的な言動も出てくるようになる。

Q&A こんなときは？

Q. 自己主張が激しくなり、言うことを聞いてくれません。どう対処したらよいでしょう？

A. どうしたいのか、耳を傾けてあげましょう

自分の意思表示をはっきりとする時期です。主体的に動こうとするため、大人の指示を聞かなくなることも多くあります。そんなときは、何がしたいのか、気持ちを聞き出す姿勢が大切になります。大人が行動を決めてしまうのではなく、どちらがよいのか、選択肢をあたえて、自分で決めさせるのもよいでしょう。それでも、うまく気持ちが伝わらないもどかしさから、泣いたり、かんしゃくを起こしてしまったりすることもあります。自立するまでの成長過程なので、やさしく見守ってあげましょう。

感情表現が豊かになる

●感情表現が豊かに

いろいろな感情が育っていくのも、この時期です。喜び、怒り、恐れなどの基本的な感情以外に、**嫉妬する、照れる、すねる、くやしい、といった新しい感情が育ち**、感情の分化が深まっていきます。また、感情をはっきりと表すようになります。同じ嬉しいという感情でも、程度によって満面の笑みを浮かべたり、少しにっこりしたりというように、複雑な感情を表すようになっていきます。

また、この頃は、満足という感情から、おどけたり、たわむれたりもよくします。

●感情表現をあまりしない子も

生まれもった性格のため、**感情表現をあまりしない子もいます**。比較的、大人しい性格の子は、感情表現も穏やかで、まわりが快、不快の感情に気づいてあげられないことがあります。そのような子に対しては、意識的に話しかけ、小さなサインを見逃さないようにします。

●かんしゃくを起こすこともしばしば

言葉で気持ちを表現することが、まだむずかしい時期です。うまく意思表示ができないときは、もどかしさから泣いてしまうこともあります。自分の思い通りにならなかった、要求が伝わらなかった、といったことがあると、その失望感から、泣きわめく、手足をバタバタさせるなどして、**かんしゃくを起こす**ことがあります。

やりたいという気持ちと体の発達がついていかずに、うまくできないこともあります。そのようなときにも、かんしゃくを起こし、おもちゃを投げつけたり、だだをこねて大泣きしてしまったりすることもあります。子どもの気持ちに寄り添い、もどかしい気持ちを理解し、代弁してあげることが大事です。

1歳

■ 感情が育つ

喜怒哀楽といった基本的な感情のほかに、嫉妬する、照れる、すねる、くやしい、といった感情が育ち、感情の分化が深まる。

■ かんしゃくを起こす

言葉で気持ちを表現できないため、思い通りにならないことがあると、失望感から、かんしゃくを起こすことがある。

1歳～1歳6か月 の発達のようす

模倣行動が盛んになる

●何でもまねしたがる時期

大人の行動を盛んにまねする時期です。日常の習慣、行動など、見たことについて意味を理解しないまま、まねをすることが多くなります。

たとえば、大人がパソコンの操作をしているのを見て、パソコンのキーボードを打ちたがったり、ほうきではき掃除をしているところを見て、ほうきを持ちたがったりします。**大人がしている行動に興味・関心が出てくる**ため、自分でもやってみたいと思うようになるのです。

●模倣行動から学んでいく

このように大人のしている行動をまねすることで、さまざまなことを体で覚えていきます。行動をまねしている様子が見られたら、それを**ほめてあげると非常に喜び**ます。嬉しいと何度もくり返しやろうとするので、たくさんほめて行動を促すのがよいでしょう。

記憶や象徴機能が発達していく

●象徴機能の発達

この時期は、**記憶や象徴機能が発達**していきます。象徴機能とは、あるものを別の何かに見立て、想像することができる力のことをいいます。

●見立て遊び、ごっこ遊び

象徴機能が発達していくことにより、イメージしたものを遊具などで見立てて遊ぶことができます。

たとえば、牛乳パックを電車などに**見立てて遊ぶ見立て遊びは、象徴機能が発達したことで、できるようになる**遊びです。おままごとやごっこ遊びも同様です。記憶力やイメージする力が育つことで、生活の中のシーンを再現できるようになるのです。

■ 模倣をしたがる

大人がしている行動に興味・関心を持ち、自分でもやってみたいと思うようになり、日常の動作をまねすることが多くなる。

■ 見立て遊びができる

イメージする力や記憶力が発達することによって、ものを別の何かに見立てて遊ぶ見立て遊びや、ごっこ遊びができるようになる。

1歳～1歳6か月の ことばの発達

発達の目安
- ☐ 理解できる語彙が増え、言葉と対象が一致する
- ☐ 大人が話す言葉の語尾を復唱するようになる
- ☐ 対象をグループ化して、ひとつの言葉で表現する

理解できる語彙が増える

●言葉とものが一致する

使用する言葉はまだ少ないですが、理解できる言葉は増えています。「ワンワン」「クック」「ブーブー」と言われれば、何をさしているのかがわかるようになり、**言葉と対象が一致して理解できる**ようになります。たとえば、絵を見せて「ブーブーはどれ？」と尋ねれば、絵の中にあるたくさんのものの中から、車を探し出すことができるようになります。

●言葉を模倣する

大人が発した**言葉の語尾を復唱する**ようになります。たとえば、「バナナ」と言ったら「ナ」、「リンゴ」と言ったら「ゴ」というように、語尾だけを拾います。言葉の練習段階であるため、足りない部分を補ってあげ、くり返し単語を発していれば、徐々に話せるようになります。

●言葉のグループ

動物はすべてワンワンというように、**ひとつの特徴あるグループに対してひとつの言葉で表現**します。語彙がだんだんと増えていけば、グループ内の細分化されたものの名前がわかるようになり、犬をワンワン、猫をニャンニャンと言えるようになります。

■言葉の模倣

「バナナ」なら「ナ」、「リンゴ」なら「ゴ」というように、大人が話した言葉の語尾を復唱するようになる。

Q&A こんなときは？

Q. 1歳半にもなるのに、言葉が出てこない子がいます。発達に問題があるのでしょうか？

A. 様子を見て、それでも心配なら健診時に相談するのがよいでしょう

言葉が出てくる時期には、個人差がありますから、一概に発達に問題があるとは言えません。話すことはなくても、大人が言っていることを聞けていたり、身振りや手振りで自分を表現していたりするようであれば、今までと同じように語りかけを行って、経過を見守るようにしましょう。1歳半健診では、言葉の発達についても調べます。話しかけても反応が見られないなどの心配事があれば、健診時に相談してみることを保護者にすすめてみましょう。

1歳〜1歳6か月 の発達のようす

1歳〜1歳6か月の 人とのかかわり の発達

発達の目安
- ☐ 自我がめばえることで、自己主張が激しくなる
- ☐ 友だちといてもそれぞれ一人で遊ぶ平行遊びをする
- ☐ ほかの子の遊びをまねし始める

自分と他人の区別がつくようになる

●**自他の分離**
　自我がめばえ、自分の意思をはっきり持つようになると、自分と他人の区別がつき始めるようになります。

●**友だちと衝突する**
　「〜したい」という欲求を強く示すようになるこの時期は、**友だち同士の争いも起こる**ようになります。
　たとえば、ほかの子が遊んでいるおもちゃを取ってしまったり、自分のおもちゃが取られたときにたたいてしまったり、多くのトラブルが生まれます。
　これは、怒りや嫉妬といった、新しい感情が豊かに育っているという証拠でもあります。言葉でコミュニケーションがとれないため、かみつきなどの行動に出てしまうこともあります。

●**危険のない限りは見守る**
　おもちゃの取り合いは、「そのおもちゃは、自分のものである」と認識していることから生まれるトラブルです。つまり、**自分の存在に気づきはじめ、自他の区別がつき始めている成長過程**ですから、たたいたり、かみついたりといった、よほどの危険なことをしない限り、見守ってあげましょう。

■ **自他の分離**

自我がめばえると、自分の所有物がわかるようになる。遊んでいたおもちゃを取られてしまったときに、泣いたり、たたいたりするトラブルが生まれる。

Q&A こんなときは？

Q. 自己主張が激しくほかの子をたたく子には、どのように対処したらよいでしょう？

A. 注意することは必要ですが、気持ちをわかってあげることも大切です

自己主張が強くなり、自我がめばえ始める時期ですが、言葉で自分の気持ちを表現することは、まだまだできません。ほかの子をたたいてしまうという危険な行動は、注意してやめさせなくてはいけませんが、まずは、どうしてそのような行動をとったのか、気持ちを代弁してあげることも大切です。「おもちゃが欲しかったんだね。でも、たたかれると痛いでしょう。たたいてはいけないよ」と、まずは、気持ちを代弁してあげ、それからだめなことを注意するようにします。

●トラブルにならないように

　トラブルが起こらないような**環境づくり**も大切です。周囲に興味を持ち、何でもまねをしたくなる時期なので、ほかの子がやっている遊びを自分でもやりたくなります。そのようなときに、おもちゃの取り合いが起きないように、**いくつか同じおもちゃを用意しておく**などの配慮も大事になります。

> 平行遊びが
> 中心

●一人遊びができるようになる

　集中力が発達することで、**一人で遊ぶことができる**ようになります。一人遊びは、10〜11か月頃から徐々に見られるようになりますが、はじめのうちは短時間です。月齢が進んでいくにつれ、時間が長くなり、夢中になって遊びます。

　1歳頃になると、一人遊びをじっくり楽しむようになります。一人遊びは、興味や関心を持ったことに対して、一人で追求していく行為ですから、**思考力や想像力の発達に大いに貢献**します。

　友だちにじゃまされることなく、没頭して遊べる空間をつくってあげることが大事です。まわりの大人も、干渉せずに近くで見守っていてあげましょう。

●平行遊びの時期

　この時期は、まだ**友だちと一緒に遊ぶという感覚がありません**。複数人で一緒にいても、一人ずつ自分の遊びをする、いわゆる**平行遊び**をする時期です。

●ほかの子の存在に気づかせる

　一人遊びが中心のため、みんなで遊ぶということはできませんが、友だちと同じ空間を共有することで、**他人への意識というものが育っていきます**。

　そばにいるほかの子どもの影響を受けて、まねして遊ぶなどのことはするようになります。同じ空間を共有することは、コミュニケーションの基礎づくりに有効です。ほかの子の存在に慣れ、一緒に遊べるようになるまで見守りましょう。

1歳

■ 一人遊びをする

一人遊びに熱中するようになる。この時期は、友だちがそばにいても、一緒に遊ぶことはなく、平行遊びになる。

■ ほかの子のまねをする

複数の子どもが一緒に遊ぶことはないが、おたがいがやっている遊びに興味を持ち、同じ遊びをし始めることがある。

1歳6か月〜2歳 の発達のようす

1歳6か月〜2歳の **からだ**の発達

発達の目安
- ☐ 階段の上り下りやジャンプができるようになる
- ☐ 積み木などを横に並べることができる
- ☐ 丸、三角、四角といった形を認識できる

体機能の発達と生活リズム

●1歳半から成長が安定
1歳半から2歳にかけては、心臓、肺などの内臓組織や機能が成熟し、**身長、体重、胸囲、脳の重さなども安定して成長**していきます。半年間で身長は4cm、体重は1kg、胸囲は6mm程度増加するようになります。

●体の各部位の発達
胃の容量は500ml程度になり、よく食べるようになります。

甲状腺の活動も活発になるため、代謝の調節ができるようになります。

また、この時期の乳歯の数は全部で16本ですが、この頃から**虫歯になり始める子も出てきます**。

●生活のリズム
睡眠時間は、11〜14時間程度です。午睡は1日に1回になります。日中続けて目覚めている時間も長くなり、4時間半〜5時間半程度になります。

午睡明けにおむつが濡れていないなど、おしっこの間隔が長くなってきたら、トイレトレーニングを始める子もいます。

■ 足腰が発達する

転ばずに歩く

足腰がしっかりし、安定して歩くことができるようになる。転ぶことが少なくなる。

階段の上り下り

1歩ずつ階段を上り、もう片方の足を引き上げ、そろえてから1歩上る。

転ばず安定して歩けるようになり、走ったり、ジャンプしたりできるようになります。自我が育つ時期であるため、自己主張が激しくなります。自分のものに執着して所有欲を示すようになり、それが原因で友だちとのトラブルになることもあります。

足腰が発達する

●歩くことが上手に

1歳半を過ぎる頃からは、転ぶことが少なくなり、安定して歩くことができるようになります。**右と左の足運びや、つま先とかかとの着地がしっかりとしてきます**。また、立った状態から、斜めの姿勢をとることもできます。

●ジャンプや階段の上り下りができる

安定して歩くことができると、さらに足腰が発達していきます。一人で**歩く距離が長くなり、走ることもできる**ようになってきます。

1歳8か月頃からは、1歩ずつ階段を上り、もう片方の足を引き上げ、そろえてからまた1歩上ります。これは「足踏み式」という上り方で、こうして**階段の上り下りがだんだんとできる**ようになってきます。

ほかにも、**ジャンプする、しゃがむ、台から跳び降りる、などの動きもできる**ようになっていきます。

●発達を意識した遊び

安定して歩けるようになるには、日々の生活の中に、足腰をしっかりとさせる遊びや運動を取り入れることが効果的です。

たとえば、坂道を上ったり、すべり台に反対側から上がったりするような運動は、足の親指で床を蹴る力につながります。また、階段を下りたり、後ろ向きに歩いたりすると、かかとで体重を支える力が身についていきます。

手指の機能が発達する

●動きが正確に

月齢が進むにつれ、手指の動きはどんどんスムーズになっていきます。指先を使って細かな作業、複雑な作業ができるようになります。

ジャンプ

ジャンプができるようになる。比較的低い台であれば、そこから跳び降りることもできる。

Q&A こんなときは？

Q. じっと座ってご飯を食べてくれません。いやがっても座らせて食べさせたほうがよいですか？

A. 一度、「ごちそうさま」をしてしまいましょう

2歳前後の子どもたちの動きは、とても活発で、じっとしていられません。さまざまなことに興味や関心を持って動き回ります。また、集中力は短く、持続しないため、落ち着きもありません。食事中に立ち上がってしまうときは、「ご飯は座って食べようね」と声をかけて座らせましょう。おなかがいっぱいで食べたくないときもあるので、一度、「ごちそうさま」をするのも手です。いつまでも食べものを前にしておくと遊び食べにつながってしまうこともあります。

1歳6か月〜2歳 の発達のようす

●積み木を重ねる、並べる

積み木は、3個まで重ねるのが限度でしたが、**4〜5個、積み重ねることができる**ようになります。また、積み木同士の向きをそろえるなど、整える作業もできるようになってきます。倒れそうなときは、予測して修正することもできます。

2歳近くになると、**積み木を横に並べる**ようになりますが、これは、積むことよりも、むずかしい行為です。なぜなら、横に並べるということは、どの方向へいくつ並べるかといった予想、想像をしなければ、できないためです。

●ものの入れ替えができる

コップに入った水を**別のコップに移し替えることができる**ようになります。また、スコップですくった砂を**2つのバケツに振り分けて入れる**こともできます。

●意味のある絵を描く

手指の発達から、クレヨンでの描画は、直線だけでなく、打ちつけるような点、ぐるぐるの曲線も描けるようになります。一見すると、線と点の、意味を持たないなぐり描きに見えますが、子ども自身の中では、**意味のある絵を描いたと認識する**ようになります。

> 視力が発達して
> ものの認識が深まる

●両目で見ることができる

この頃になると、1〜2mくらい先まで、よく見えるようになります。また、両目でものを見ることができるようになるため、**立体感や奥行を認識できる**ようになります。

●ものの認識

視力の発達から、かたちの認識ができるようになり、**丸や三角、四角といった基本のかたちがわかる**ようになります。それによって、丸や三角、四角などの基本のかたちをはめ込むパズルができるようになります。

■ 手指の操作が発達する

スコップですくった砂を2つのバケツに振り分けて入れることができる。バケツからバケツへ、砂を入れ替えることもできる。

■ かたちの認識ができる

視力が発達し、両目でものを見るようになる。丸、三角、四角といった基本のかたちがわかり、かたちをはめ込むパズルができる。

1歳6か月〜2歳の こころ の発達

発達の目安
- [ ] くずれないように予測を立てて、ものを重ねることができる
- [ ] 鏡に映った顔が自分の顔であると認識できる
- [ ] 自分のものに執着し、ほかの子とトラブルを起こす

記憶力と予測する力がつく

●記憶力がアップする

比較的長い期間の記憶ができるようになり、**1〜3週間前の出来事を覚えていられる**ようになります。

特に犬に吠えられて怖かったこと、注射をして痛かったことなど、いやだったことや怖かったことが強く心に残り、よく覚えています。そのような思いをした場所を怖がるなど、**恐怖心もめばえてきます**。

●予測する力がつく

くずれないように積み木を積むことができたり、くずれそうになっている積み木を修正することができたり、**物事の予測を立てて行動できる**ようになります。

まわりのものに対して、これまでの経験を通して、こうすればこうなるだろう、と理解できるようになり、その予測に沿って動こうとします。ときとして、予測通りにことが運ばないと、思い通りにならないため、イライラしたりすることもあります。この時期はまだ、物事に対してさまざまな予測を立てることはできず、**たくさんの可能性について考える力はありません**。

■ 予測する力がつく

たとえば、積み木を重ねるときに、くずれない方法を考えて重ねていく。どうしたらくずれてしまうのか、予測できる力がつく。

Q&A こんなときは？

Q. 子ども向けのテレビ番組を夢中になって見る子が多いですが、発達に悪い影響は出てきますか？

A. 一人きりで見せないようにしましょう

この時期は、歌を口ずさんだり、音楽に合わせて体を動かして遊ぶようになります。テレビの子ども向け番組から流れる音楽に、楽しく反応する子どももいますが、テレビを見るという行為は、受動的なものであることを忘れずにいたいものです。テレビは、一方的に映像が流れるだけで、子どもたちの反応をくみとってはくれません。大人がそばにいてあげて、子どもに、そのときどきに適切な言葉をかける、共感をするなど、発達を促す働きかけをする必要があります。

1歳6か月〜2歳 の発達のようす

自己の認識と人とのかかわり

●**自分がわかるようになる**

鏡を見て、自分の顔、体を認識するようになります。たとえば、顔に何かごみがついているとします。鏡で自分の顔を見たときに、顔にごみがついているとわかり、自分の顔に手を伸ばして取り除こうとすれば、自分を認識しているということになります。反対に、顔についたごみを見て、鏡に手を伸ばして取り除こうとしたら、まだ認識が発達していないと言えます。また、この時期は、**左右で対になっているものがわかる**ようになります。片方の耳や目などをさして、「もう片方は？」と尋ねると、もう一方を指さすことができます。

●**自分のものに執着する**

自分という存在を認識し始めると、自分の持ちものに対しても**強い執着心を持つ**ようになり、所有欲が出てきます。これは、自分のものと他人のものの区別がつくようになった証拠です。

この所有欲は、ものだけにおさまらず、好きな人、好きな場所についてもあり、**何でも自分のものにしたがり**ます。

ほかの子とのトラブルが多く見られるようになるのも、この時期です。おもちゃの取り合いをして、泣くなどはよく見られるケースです。

●**他人に興味を持つ**

この時期は、自分のものに執着するようになると同時に、ほかの子のやっていることに興味、関心を持ち始める時期でもあります。友だちと手をつなぐことができるようになるのもこの時期です。

遊びは、まだ同じ空間を共有しながら、別々に遊ぶという平行遊びが基本です。ただ、ほかの子がやっている遊びに興味を示し、同じ遊びをしたがるようになります。興味を持って、じっと見ている姿があったら、一緒にやらせて**コミュニケーションづくりを援助する**ことも大切です。

■ 自分を認識できる

鏡を見て、自分の顔についたごみを取り除こうとすれば、鏡に映っているのが自分だと認識しているということ。

■ ほかの子の遊びに興味を持つ

ほかの子が遊んでいる様子をじっと見て、興味や関心を示すようになる。「××ちゃんも、やってみようか」と声をかけ、コミュニケーションの援助を。

1歳6か月〜2歳の ことばの発達

発達の目安
- [ ] 使える言葉が30語前後になる
- [ ] 2つの単語を組み合わせる2語文が話せる
- [ ] ものの名前を知りたがり、名前を尋ねるようになる

言葉でのコミュニケーションが増える

●言葉で自己表現する
使える言葉は30語前後になり、**欲しいものがあるときは、言葉で伝えられる**ようになります。はじめは「ちょうだい」「取って」「欲しい」といった言葉だけですが、発達が進むと、「これ」「あれ」「それ」といった**指示語がつくようになり**、「これ、ちょうだい」と言えるようになります。

●2語文を話すようになる
1歳半を過ぎる頃から、「ワンワン、いた」など、2つの単語を組み合わせる、**2語文が使える**ようになってきます。

●自分の名前
自分の名前をしっかりと認識できる時期なので、名前を呼ばれると、笑顔で「はい」と返事ができるようになります。また、名前を呼ばれると、自分を指さして相手に伝えます。みずからの意思を伝えるときは、「××ちゃん」と自分の名前を使って、自己表現をするようになります。

●言葉に関心を持つ
ものに名前があることを知るようになり、**名前を知りたがる**ようになります。気になるものを指さして尋ねるようになります。

■ 言葉で欲求を伝える

欲しいものがあるときなど、言葉で伝えるようになる。発達が進むと、「これ」「あれ」「それ」といった指示語がつくようになる。

■ 自分の名前を認識する

自分の名前を呼ばれると、たいていの子は「はい」と返事ができる。友だちの名前も覚え始め、名前を呼ぶこともできるようになる。

1歳6か月～2歳 の発達のようす

1歳6か月～2歳の 人とのかかわり の発達

発達の目安
- ☐ 主張が強くなり、大人の意図通りに動かなくなる
- ☐ 否定語が増え、だだをこねることが多くなる
- ☐ 子ども同士のトラブルから、かみつきが起きる

自我が育つ時期

●拒否反応が多くなる

自我のめばえと自己主張の発達から、今まで比較的、素直に大人の言うことに従っていた子も、**大人の意図通りには行動してくれない**ことが多くなってきます。

このような背景には、大人から一方的に指示されたことをやるのではなく、**自分で考えてやってみたいという気持ちが強く**あります。

自分でやってみようとする、自分で選んで行動しようとする気持ちを大切にして、子どもの気持ちを否定せずに見守ることで自我が育っていきます。

●だだをこねることが増える

強い自己主張から、**だだをこねることが多くなり**ます。ただし、そのような行動を、「だだをこねてはだめ！」とおさえつけてしまうのは、よくありません。また、自分で何でもやりたがりますが、本人にまかせておくと、余計な時間がかかってしまうこともあります。そのときは、やらせてあげないのではなく、子ども自身にやらせて、それを援助するように見守るようにします。

●否定語が増える

「やだ」「だめ」といった、**否定的な言葉を発す**

■ だだをこねる

自分の思い通りにならないと、だだをこねて大泣きすることもある。気持ちの切り替えや立ち直りができるような言葉かけが必要。

Q&A こんなときは？

Q. 用意した靴下をはいてくれず、「いや！」と放り投げてしまいました。反抗的な態度には、どう対応したらよいですか？

A. やさしく語りかけ、選択肢を提示してあげましょう

だだをこねる時期は、大人の意図や言葉通りには動いてくれず、大変な思いをすることでしょう。ただし、子どもが否定的な言葉を使ったり、反抗的な行動をしたからといって、頭ごなしに怒っても仕方ありません。自我が育っている発達段階ですから、ここでおさえつけてしまうと、次の段階へ成長していかないのです。子ども自身が選んで行動できるように、「～にする？　それとも～にする？」と選択肢を提示して、自分で判断する機会をつくってあげるようにしましょう。

ることも多くなります。反抗的で、わがままなように見えますが、成長過程として見守り、やさしく接することが大事です。これは自我のめばえから、自己主張できる心が育った証拠です。

自我がめばえるとトラブルが多くなる

● **ぶつかることが多くなる**

この時期になると、**言葉である程度のコミュニケーションをとる**ようになります。ほかの子に話しかけたり、手をつないだりして親しさを表現します。

友だちに親しみを覚え、**仲良くなろうとする姿が見られる**一方で、自己主張が強く出る時期なので、**激しくぶつかることも多くあり**ます。

特に、言葉でのコミュニケーションはまだまだ未熟なため、言葉よりも先に行動に出てしまうことがあります。たとえば、何も言わずにおもちゃを取り上げてしまってトラブルになるなど、子ども同士の衝突がよく見られるようになる時期です。

● **かみつきをする**

手や足、顔にかみつく子どもも出てきます。**かみつきは、1歳くらいの子どもによく見られるトラブル**です。力加減ができないため、出血するなどの大きなトラブルに発展してしまう場合もあるので、注意が必要です。

かみつきの原因には、さまざまあります。**自分の気持ちを上手に表現できないもどかしさ**から、まわりの子にかみついてしまう場合もあれば、かみつくことで**相手が怖がるのを面白がっている**という場合もあります。

ふだん、自分がやったことを十分に認められたと感じている子は、かみつきがないといわれています。かみつきが長期にわたって続く子がいれば、何か別の原因も考えられます。まずは、しっかりとしかること、そして信頼関係をきずいて、安心感を持たせてあげることが大切です。

■ かみつきが起きる

自己主張が強く出るため、友だちとぶつかることもある。自分の気持ちを上手に表現できないもどかしさから、かみついてしまうことも。

Q&A こんなときは？

Q. かみつきが起こってしまったら、かみついた子、かみつかれた子に対して、どう対応したらよいでしょうか？

A. まずは気持ちをくみとってあげること。けがの処置も適切にしましょう

かみつかれてしまった子には、消毒をする、冷やすなどといった適切な手当をします。かみついた子に対しては、どうしてかみついてしまったのか気持ちをくみとって代弁してあげることが必要です。そのうえで、「××ちゃん、かみつかれて痛かったんだよ。謝ろうね」と、かみつきはいけないことだと教え、かみついてしまった子に謝るように促します。園で起こった出来事であれば、園の責任として保護者への説明もていねいに行わなければいけません。

 [生活習慣]  1歳の 食事

離乳食を卒業し食べられるものが増えると同時に、好き嫌いが出てくる時期です。食事に集中できる環境づくりが大切です。

1歳～1歳6か月　離乳食を卒業する

●**普通食へ移行**

離乳食から普通食へ移行する時期です。肉だんご程度のかたさのものを歯でかみ、飲み込めるようになったら、保護者と相談して、普通食へ切り替えていきます。

咀嚼する力をつけるため、小さくカットしたものだけでなく、**大きくカットしたものも**あたえてみます。

●**いすに座って食べる**

適切な姿勢で食べられるようにします。**足は床についている状態**で、ぶらぶらしないようにします。

背筋が伸び、左右のバランスがとれており、利き手と逆の手がテーブルの上に安定して出されているかもポイントです。

環境構成のポイント

足が床に届くように

足が届かないときは、牛乳パックで作った足のせ台を置いて調節するようにします。背筋が伸びるように牛乳パックで背もたれをつくるのも有効です。

足がぶらぶらしないように調節する

1歳～2歳　スプーンで食べ始める

●**スプーンで食べる**

手づかみで食べるよりも、スプーンで食べることが多くなっていきます。はじめのうちは、適量がわからず、たくさん口に入れてしまいがちです。保育者が適量をすくってあげ、**ひと口の量を教えていく**ようにします。

また、うまく口に入れることができず、途中でこぼしてイライラしてしまうこともあります。離乳食よりも、食べものがかたくなるため、歯で咀嚼することがむずかしくなります。咀嚼して飲み込むことをだんだんと覚えていけるように援助します。

■**スプーンですくう量を見せる**

子どもの横で、ひと口の量を見せて教える。

援助のポイント

☐ スプーンがうまく使えず、食べ終わるまで時間がかかるが、援助は最小限にとどめる。

☐ スプーンですくいやすいよう、食べものをひと口の分量に取り分けておくなどの工夫を。

スプーンの使い方

●手のひら全体で握る
手指は発達していますが、大人のように握ることはできず、手のひら全体で握ります。**1歳前半はスプーンを上から、1歳後半になると下から握る**ようになります。

●まっすぐ引き出すように
スプーンを口から出すときに、手を返してしまう癖がついている子がいるため、まっすぐに口から引き抜くことを教えます。スプーンを口に入れたら、口を閉じて、平行に口から引き抜きます。

■上握り
1歳～1歳6か月頃は、上から握る。

■下握り
1歳6か月～2歳頃は、下から握る。

環境構成のポイント
使いやすいスプーンを選ぶ
すくう部分が、子どもの口の3分の1～3分の2の大きさのもの、握る部分は、子どもが持ちやすいものを選ぶようにします。

嫌いなものが食べられない（1歳6か月～2歳）

●好き嫌いが出てくる
1歳後半になると、好き嫌いが出始め、嫌いなものを口に入れようとすると怒ったり、ひと口食べて吐き出してしまったりといった行動が見られるようになります。

嫌いな理由はさまざまで、見た目、飲み込みにくさ、食感などがありますが、**食材そのものが嫌いとは限りません**。嫌いなものを食べない理由は、食べたことがあるかないかに大きく関係しています。

●「おいしい!」と伝える
嫌いなものは、保育者が食べてみて、「おいしいよ！ ××ちゃんも食べてみて」と食べることを促し、まずはひと口食べさせてみることが大切です。食べることができたら、「えらいね」とほめてあげると子どもは努力して食べようとします。

■食べることを促す

少しでも食べたら、たくさんほめてあげるようにする。

役立つ！ ひとくふう
調理の仕方も変えてみよう
味を嫌う場合は、調理方法を見直してみます。味付けを変える、なめらかな食感にする、素材を細かく切るなど工夫してみます。

[生活習慣]

1歳6か月〜2歳　量が食べられない

●食べられない子が出てくる

食べる量に個人差が出てきます。あまり食べられない子には、少なく盛りつけをして、**全部食べることを目標に**食べさせます。食べ終わったら、完食できたことの達成感を覚えさせます。

食べものがかたいため、量が食べられない子もいます。咀嚼できる力があるか、様子を見てみましょう。

> **言葉かけ のヒント**
>
> **食べる意欲につながる声かけを**
>
> 「これおいしいから、食べてみよう」などと声をかけて、量を増やしたり、おかわりすることを促します。おかわりができたら、「おかわりして、すごいね!」とほめるようにします。
>
>

1歳〜2歳　楽しく食べる環境づくり

●みんなで一緒に食べる雰囲気を

「××ちゃんがおいしそうに食べているよ。○○ちゃんも食べてみよう」などと声をかけ、楽しい雰囲気で食べることで、**好き嫌いをなくす**ことができます。

また、「いただきます」「ごちそうさまでした」の挨拶を習慣づけると、みんなで**一緒に食べるという連帯感を意識**できるようになります。食器やテーブルクロスなどは、子どもが好きなイラストや色のものを選び、食事が楽しくなるような環境づくりをしましょう。

●食べることに集中を

おもちゃなどが近くにあると、食事に集中できなくなります。子どもの目に入らないところに片づけ、食事をとる雰囲気を演出することが大切です。また、保育者が食事中に立ち上がったりしないですむように、ペーパーや予備のスプーン、台拭きは事前にテーブルに置いておきます。子どもが食べることに集中でき、**落ち着けるような環境**をつくります。

> **環境構成のポイント**
>
> **小人数でテーブルを囲む**
>
> この頃は、長机で大人数で食べるのではなく、小人数のグループでテーブルを囲み、保育者と顔を合わせながら食べるようにします。保育者も一緒に着席して食べ、食べものの味やおいしさを伝えて、食べものへの興味を持たせます。席は、ひんぱんに替わると、席を取られたという気分になって混乱する場合もあるため、あらかじめ決めておきます。

おいしいね

1歳の排せつ

おむつを外す時期です。歩けるようになったらトイレトレーニングを始めます。うまくできず漏らしてしまっても、やさしく見守りましょう。

1歳～1歳6か月 おむつを外す

●おむつを外して排せつの自立を

おむつを外すタイミングには、個人差があります。おむつが外れると、自由に歩くことができ、運動が活発になるため、だんだんと排せつの自立を促すようにしていきます。

おむつを外したときの気持ちよさを伝えるため、おむつを交換するときには「気持ちがいいね」と言葉をかけます。また、夏場の水遊びではおむつを外して遊ばせます。

●おむつを外すタイミング

歩くことができるようになり、排尿間隔も一定になってきたら、**パンツをはかせてみます**。「おしっこ」という言葉を発することができ、「おしっこするの？」という問いかけの意味がわかり始めるのも、この時期です。

これはNG！

プレッシャーをあたえない

漏らしてはだめ！ ということを伝えると、子どもにはそれがプレッシャーになってしまいます。漏らしてしまったら、決して怒らず「今度は早めに教えてね」と伝えます。漏らした後に新しいパンツにはき替えたら、その心地よさを感じさせることも大切です。

1歳～1歳6か月 トイレに挑戦する

●排尿間隔が一定になる

午睡の後におむつが濡れておらず、排尿間隔が2時間以上あき、また1回のおしっこの量が多くなってきたら、**トイレトレーニングを始める**時期です。

●尿意がわかるようになる

排尿間隔やおしっこをしたくなったときに見せる行動は、一人ひとり違います。よく観察して、おしっこをしそうな時間になったら、トイレに誘うことから始めます。「シー」と言って、保育者に**尿意を知らせる**子もいます。

■尿意を伝える

股間をおさえ「シー」と言って尿意を伝える。

援助のポイント

☐ 「シー」と尿意を伝えたら、ほめる。
☐ 漏らしてしまったことを残念がっていたら、共感してなぐさめる。

[生活習慣]

1歳6か月〜2歳　トイレトレーニング

●**積極的にトイレへ**

歩けるようになると、**膀胱におしっこがたまった感覚がわかる**ようになり、また、座っておしっこができるようにもなります。

トイレに興味を持ち、ほかの子がしている様子をじっと見るようにもなります。

おしっこをしたいときは、**表情や動作などでおしっこがたまったことを伝える**ようになります。具体的には、股間をおさえてもじもじする、部屋の隅でしゃがむ、保育者の服を引っぱるなどです。

おしっこのサインを見せたら、トイレに連れて行きます。排せつを促されると、自分でパンツを脱ごうとすることもあります。

■ 排尿のサインに注意する

足をもぞもぞさせたり、股間をおさえたりする。

言葉かけ のヒント

一緒に確認する

タイミングよくおしっこができたら、子どもと一緒におしっこを確認し、「チッチが出たね」と声をかけます。膀胱がいっぱいになったときの感覚と、すっきりしたときの感覚も認識させます。

1歳〜2歳　排せつのトラブル

●**便秘や下痢になる**

おむつからパンツに移行した後、体調不良から下痢を起こしてしまったときは、ふたたび**おむつに戻す**ようにします。その後様子を見て、おむつを外すようにします。また、果物、野菜、油ものなどを十分に摂取していないと、便秘がちになる恐れがあります。

●**頻尿になる子もいる**

なかには頻尿の子もいます。おしっこをするときに痛みが出るなど、特別な症状が出ていなければ、**神経性の理由**が考えられます。不安や欲求不満などが原因となっているかもしれません。解消してあげるように努めましょう。

役立つ！ ひとくふう

食べもので便秘解消

便秘が続くときは、ホウレンソウやキャベツ、モモやミカンの缶詰などで解消されることもあるため、積極的に摂取させるようにします。

1歳の 睡眠

1歳後半になると、午睡の回数が午後の1回になります。睡眠の質を高められるように環境を整えます。

1歳～1歳6か月 午前中に寝てしまうときは

●午前中に寝てしまうことも

歩き始めるなど運動量が増えるこの時期は、**午前中に眠くなってしまう**子どもが見られます。

眠たいときは、耳をかいたり、目をこすったりといったしぐさを見せるようになります。遊びながら、歩きながら、または食べながらウトウトし、**場所を選ばずに寝てしまう**のは、この時期ではよくあることです。

眠そうにしているときは、無理して起こすよりも、30分程度、睡眠をとらせてあげることで、次の活動が十分にできるようになります。

> **環境構成のポイント**
>
> **室内の温度や湿度に注意する**
>
> 適温は20℃、湿度は40～60％に保ちます。冬は室温が15℃以下にならないように気をつけます。夏は外の気温との差が5℃以下になるように、冷房を入れます。

1歳6か月～2歳 午睡が1回になる

●午睡は1回に

1歳後半から2歳にかけて、午前中に活動を集中的にすることで、ほとんどの子どもは寝なくなり、**午睡の回数は午後の1回のみ**となります。

ただし、なかにはまだ午睡が2回必要な子がいます。午前睡をしている子には、「ねんねしている子がいるから静かにね」とまわりの子にも声をかけて、眠れる環境を整えてあげます。

●午後の午睡で熟睡させる

午後1回の午睡で熟睡させるためにも、昼食は早めにとらせて、午睡の時間を確保します。

朝の目覚めが早過ぎるときは、午睡の時間を長めにとるなど、個人差も大きくあるので、一人ひとりのペースを尊重して、生活リズムを一定に保つようにしていきます。

■眠りを妨げないように

午前睡をする子どもには、必要な環境を整える。

> **これはNG！**
>
> **真っ暗にはしない**
>
> 部屋を真っ暗にしてしまうと、深く眠り過ぎてしまいます。子どもの顔色が見える程度の明るさを、ブラインドやカーテンで調節するようにします。

[生活習慣] **1歳の 着脱**

まずは着ることより脱ぐことができるように援助します。自分でできたという達成感を味わわせ、着脱の自立を促します。

1歳〜2歳 ズボンやTシャツの着脱

● **みずから着脱しようとする**

自分で何でもやってみようという意欲がわく時期です。そのため、衣服の着脱にも意欲的になります。保育者の膝に座らせてズボンをはかせますが、自分でやってみたいというしぐさが見えたら、足を通す、前を引き上げるなどの方法を知らせ、自分でやらせてみます。

● **ズボンの着脱**

体が発達することで、パンツやズボンをずり下ろす力もついてきます。脱ぎにくいときは、少し下ろし、**指先に引っかけて下ろしやすく**します。着るよりも、脱ぐほうが先にできるため、うまくできない子には、脱ぐことから促し、**自分でできたという達成感**を味わわせてあげるようにします。

ズボンをはくときは、足を入れやすいように広げておき、両足を穴の中に入れさせます。保育者が体を支えてあげ、自分の手でズボンを上に引き上げるようにします。

● **Tシャツの着脱**

上から被るTシャツなども脱ごうとしますが、服の一部を引っぱるだけで、うまく脱げません。ただし、自分でやりたがる時期なので、**さりげなく服を持ち上げたりして援助する**ようにします。

● **立って着替えができる**

一人で着替えることができるようになったら、立ったまま着替えるように促します。保育者の肩に手をかけて、立ったまま片足ずつズボンに足を通し、自分で持ち上げる方法を伝えます。

> **言葉かけのヒント**
>
> **着脱を上手に誘導する**
>
> 「上手にできたね！ すごい！」というはげましの言葉のほかに、「次はこっちのあんよだよ！」と、スムーズに体を動かせるような言葉をかけるようにしましょう。

■ ズボンをはく

一人ではきやすいように、ズボンを広げておく。

援助が必要なときは、そっと手を添え、子どもの達成感を失わないようにする。

1歳～2歳 脱ぎ着しやすい服を選ぶ

●脱ぎ着しやすい服を

着脱しにくい服を脱ごうとしたり着ようとしたりすると、うまくできないイライラから、かんしゃくを起こしてしまうこともあります。

着替えやすい服を選び、みずからやってみたいという意欲を引き出し、また達成感を味わわせてあげることも大切です。

Tシャツは、**襟ぐりが大きく、伸縮性のある素材**のものを選びます。ズボンは、ホックやファスナーがついておらず、**ゴムで上げ下げができるもの**を選びます。

保護者との連携

脱ぎ着しやすい服を用意

着脱の自立ができるように、保護者とも連携が必要です。脱ぎ着しやすい服や靴を保護者に説明し、用意してもらうようにします。

1歳～2歳 着脱を促す遊び

●手指の発達を

1歳後半になると、手指は著しく発達し、細かな動作ができるようになります。

ボタンのつけ外しや、面ファスナー、スナップボタン、ファスナーといった**衣服についている部品の操作**もできるようになります。

ままごと遊びの中で、着せ替え人形を使って服の着脱をしたり、ボタンやファスナーがついたおもちゃで遊ばせて、手指の発達を促すようにしましょう。

■着せ替え人形

人形の衣服についたボタンや面ファスナーを操作する。

■つなげて遊ぶ

スナップボタンや面ファスナーをつけたフェルトなどの布地をつなげて遊ぶ。

■つりおもちゃ

ファスナーがついたおもちゃをいつでも触れられるように壁につるしておく。

[生活習慣] **1歳の 清潔**

汚れる感覚がわかるようになり、きれいにしたいと思うようになります。手洗い、歯みがき、片づけの習慣をつけていきます。

1歳〜1歳6か月 手洗いの習慣をつける

●保育者と一緒に

食事の前や外で遊んだ後に、手を洗うように促し、手洗いの習慣を身につけさせます。

この時期は、**保育者の援助が必要**です。子どもの手に自分の手を添えて、こすり合わせて動かすことを教えます。

手洗いと水遊びの違いがわからず、**遊びになってしまうこともあります**。水遊びはプールやたらいの中ですること、手洗いは流しで手を洗うことだと認識させます。

●清潔の感覚を覚えさせる

清潔に関する感覚はまだ未発達です。目で見て、きれい、汚いと認識する、また生理的な快・不快を感じる、その両方の感覚を身につけて、清潔にすることを習慣づけていきましょう。

■保育者が援助する

子どもの手に自分の手を添えて、手をこすり合わせることを教える。

言葉かけ のヒント

清潔にする気持ちよさを教えよう

子どもと一緒に手の汚れを確認し、「ばっちくなったから、洗おうね」と、手洗いの意味を伝えます。手がきれいになったら、「気持ちがいいね」と声をかけ、清潔にしておく気持ちよさを伝えます。

1歳6か月〜2歳 手洗いの順序を覚える

●手洗いの自立ができるように援助

服に砂や泥がつくとはらおうとし、**汚れるということがわかる**ようになります。手が汚れると保育者に拭いてもらいたがります。

この時期は手洗いの順序を徐々に教えていきます。袖が濡れないように腕まくりし、手に石けんをつけ、手のひら、手の甲、指のあいだ、指先、手首と順にていねいに洗い、**個人用のタオル**で拭きます。子どもの身長に合わせ、**踏み台で高さを調節**し、無理なく手洗いができるような環境づくりも大切です。

言葉かけ のヒント

手洗いの順序がわかるように

「泡ブクブクしようね」「お袖、まくろうね」「おてて、ぎゅっぎゅっしようね」「お水パッパッしてね」など、子どもにわかりやすい言葉で動作を促します。

「お袖まくろうね」

1歳6か月〜2歳　徐々に鼻をかめるように

●徐々に鼻をかめるように

1歳前半は、鼻水が出ていても気にせずに平気でいることが多いです。いやがらないようにやさしく拭き、清潔にすることは気持ちがよいことだと伝えます。

1歳後半からは、鼻水が出ると拭いてもらおうと、教えにくるようになり、だんだんと自分で拭こうとするようになります。この時期は、まだ**自分で鼻水を出すことができない**ため、鼻をかむことはできず、かんだつもりになっています。「上手にかめたね」と声をかけ、仕上げをしてあげます。

言葉かけのヒント

鼻水が出たら一緒に確認を
「鼻水が出ているから、見てみよう」と促し、鏡で一緒に確認したら、ティッシュを渡して拭くように促します。

「きれいにしようね」

1歳〜2歳　自分で歯みがきをスタート

●自分で歯みがきをする

1歳6か月頃になると、前歯が生えそろい、奥歯も生えてきます。この時期になったら、自分で歯ブラシを持って、歯みがきをさせるようにしましょう。

保育者が歯ブラシで歯をみがく様子を見せ、それをまねさせます。まだまだ一人では十分にみがけないため、**保育者による仕上げみがきが必要**になります。

●歯ブラシの感触に慣れさせる

まずは、歯ブラシの感触に慣れさせます。**極細の歯ブラシをおしゃぶりのようにくわえさせて**みましょう。口の中に、たくさんよだれが出て、そのよだれで、口の中の汚れがとれるようになります。

■歯をみがく様子を見せる

保育者が歯をみがき、まねさせるようにする。

役立つ！ひとくふう

うがいもまねから始める
2歳近くになって、模倣をよくする時期になったら、うがいもさせてみましょう。保育者が「ブクブクベー」とやってみると、はじめは飲み込んでしまうことが多いですが、くり返しまねをすることで、だんだんとできるようになります。

[生活習慣]

片づけの習慣をつける
（1歳〜1歳6か月）

● **言葉で片づけを促す**

片づけるという行動の意味は、まだまだ理解できませんが、片づける行為を生活習慣の中から学んでいく時期です。

保育者がおもちゃの片づけをする姿を見て、行動をまねできるようになります。「片づけようね」と声に出して行動すると、だんだんと行動の意味がわかるようになっていきます。

● **おもちゃ箱におもちゃを入れる**

手指が発達し、つかんだものを離せるようになるため、積み木をつかんで、箱の中に入れ、片づけられるようになります。

箱におもちゃのイラストなどを貼っておき、**何を入れる箱なのか、わかりやすくしておきます**。遊び終わったら、「お片づけしようね」と声をかけ、おもちゃを箱に入れるように促します。

● **片づけに遊びを**

片づけの意味はわからないので、おもちゃを箱の中から出して、入れるという行為をひとつの遊びとしてとらえ、習慣づけるようにします。「これはどこにナイナイするの？」と問いかけると、得意げに片づける子もいます。片づけが苦手にならないように、**遊びの要素を取り入れる**ことは大事です。だれが最後のおもちゃを箱に入れるか、というゲーム感覚でやるのもよいでしょう。

● **片づけやすい環境づくり**

おもちゃや生活用品の置き場所をわかりやすくし、片づけやすい環境を整えることも必要です。子どもの手が届くところに**置き場を決めておく**ようにします。

■ おもちゃを箱に入れるように促す

遊び感覚で片づけができる工夫をする。

環境構成のポイント

個人ボックスを作る

帽子や靴下などを入れられる、子どもがわかりやすいマークをつけたボックスを置いておきます。「帽子はお花さんのところに入れようね」と保育者が入れると、自分でも片づけがしたくなって、ボックスの中に入れるようになります。

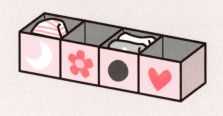

2歳の発達

- 2歳の発達のようす ……………………………… 102
- 2歳の生活習慣 ……………………………… 116

2歳の発達のようす

2歳のからだの発達

発達の目安
☐ 足取りがしっかりして、転ばずに走れるようになる
☐ その場で両足跳びができるようになる
☐ 手指の動きが巧みになり、はさみが使えるようになる

全身の運動機能が発達する

●体の発育

2歳頃には、体重11～13kg、身長は83～89cm程度になります。頭囲は46～50cmで、胸囲とほぼ同じ大きさになります。

●足取りがしっかりしてくる

歩く、走る、跳ぶという**基本的な運動機能が発達**してきます。自分のイメージ通りに体を動かせることが楽しく、歩き回ったり、とび跳ねたり、活動的になってくる時期でもあります。歩く足取りもしっかりしてきて、一人で長い距離を歩けるようになり、走っても転ぶ姿はあまり見られなくなってきます。

●2歳後半から発達がさらに進む

しかし、**2歳前半では、走る動作はまだ未熟**です。歩幅は小さく、ひじや膝を伸ばしたまま走ります。「止まって」と呼びかけても、その場で急に止まることはできません。

それができるようになるのは2歳後半以降です。言葉への理解が進むことで、大人の指示で「止まって」と言われれば、スムーズに止まれるようになります。**全身の力を使って走れる**ようになるのも、この時期からです。子どもによっては、秒速3m近くの速度で走れるようになります。

■巧技台

巧技台を組み合わせて階段を作り、上ったり下りたりして、筋肉の持久力をつけていく。平均台やすべり台を組み合わせてもよい。

■鬼ごっこ

子どもは、追いかけられて走ることが楽しい。保育者が鬼になって、鬼ごっこをしてもよい。走ることは全身を使った運動になる。

歩く、走る、跳ぶなどの基本的な運動機能が発達し、手指の動きも巧みになってきます。また、自我の発達により、強い自己主張が始まります。いわゆる「いやいや期」で、大人に反抗する場面や子ども同士のいさかいが見られるようになってきます。

● 動きに変化をつけられる

2歳前半はまだスムーズとはいきませんが、走りながら方向転換ができるなど、動きに変化をつけられるようにもなります。

2歳後半になると、**前を向きながら横歩きや後ろ歩きができる**ようになり、線に沿って歩けるようにもなります。「**速い－遅い**」「**強い－弱い**」といった**動きの違いがわかり始める**ので、走るスピードを速めたりゆるめたり、足踏みを強くしたり弱くしたり、自分の意思や大人の呼びかけで動きを調整できるようになります。

> 階段の上り下り、
> ジャンプも可能になる

● 足踏み式で階段を上り下り

足腰の筋肉が発達してくることで、**両足でその場でピョンとジャンプ**したり、**高さのある所から両足で跳び降りる**ことができるようになります。

階段は手すりを使わず、**一段ずつ足をそろえる「足踏み式」で上り下り**するようになります。

2歳後半では、蹴る力や両足で踏み切る力も強くなり、**両足で連続してジャンプしたり、ジャンプで障害物を跳び越えられる**ようになります。また、三輪車にまたがって、地面を蹴りながら進めるようにもなります。

● つま先立ちができる

バランス感覚の発達によって、**つま先やかかとで立てる**ようになり、重心を前後させながら体を支える動きも可能になります。床に手をついて片足を上げる、腰を曲げて落ちているものを拾う、股のあいだをのぞくといったこともできるようになります。

腕の筋肉の発達で、**鉄棒にぶら下がったり、ボールの上手投げ（うわて）ができる**ようになり、腕を左右交互に曲げたり伸ばしたりという動きもスムーズになります。

● 足裏は扁平足

足裏は扁平足です。**足裏でしっかり地面をつかみ、**

2歳

■ ボール投げ

ゴム製などの軽いボールで「投げる」という動作の経験を。的を作って当てるゲーム形式にしてもよい。室内でも楽しめる遊び。

Q&A　こんなときは？

Q. いつも動き回っています。落ち着かせるには、どうしたらよいでしょうか？

A. **大らかに見守りましょう**

自分の体を思い通りに動かせるようになることで、いろいろなことに挑戦したくなり、食事中でも歩き回ってしまうことがあります。発達の過程と考えて、大らかに見守りましょう。

2歳の発達のようす

体を支える経験を積むことで土踏まずが形成される大事な時期です。

> 指先を使って細かな動作ができるようになる

●粘土を変形させる

手の**指先の機能が発達して、細かな動作ができる**ようになります。指先の力を加減して、**粘土を引っぱったり、ねじったりして、変形させる**ことができるようになります。2歳半頃から、おだんごやうどんなど、かたちのあるものを作り始めるようになります。

●びんのふたを開けられる

また、小指の指先に力を入れられるようになることで、**びんのふたを開ける、蛇口をひねる、ミカンの皮をむくといった動作も可能**になってきます。片手でびんをおさえて、もう片方の手でふたを回すといった、**両手を協応させる動きも見られる**ようになります。大きめのビーズをひもに通すこともでき始めます。

●Vサインや同時に両手でグーパーも可能に

2歳後半になると、人差し指と中指を立てて「Vサイン」ができるようになります。さらに、薬指を立てて「3つ」のかたちを作ることも可能になってきます。また、音や光の刺激に対応して、両手で「**グーパーグーパー**」を同時に行えるようになります。指を思い通りに動かせることで、「言葉・リズム・体を動かす」が組み合わされた**手遊び歌を好む**ようになります。

●指先の力の安定で丸が描ける

1歳のときはクレヨンなどを使って、腕を上下、左右に往復させながら直線を描いていたのが、2歳になると指先の力が安定して、力強い直線が描けるようになります。**見本があれば、それをまねて直線を描ける**ようになります。さらに、**丸を描くこともでき始め**、大きな丸の中に小さな丸を描けるようになります。

■「3つ」ができる

人差し指と中指を立てて「Vサイン」ができるようになり、さらに、薬指を立てて「3つ」もできるようになっていく。

■ お絵かき

始点と終点が合った丸が描ける。長短の線を交差させて、十字を描くこともできる。さらに、意図を持って絵を描けるようになる。

● 線を交差させて十字を描く

2歳半頃には、丸の描き方が上手になって、**始点と終点が合った丸が描ける**ようになってきます。長短の線を交差させて、**十字を描くこともできる**ようになります。さらに、「お花のつもり」「お魚のつもり」など**意図を持って描く**ようになったり、描いたものを「リンゴみたい」などと**見立てをする**ようになります。この見立ては、積み木や粘土遊びなどでも見られるようになります。

> 積み木の並べ替えで
> 見立て遊びを始める

● 積み木の見立て遊びが可能に

この年齢になると、**積み木を5〜8個程度積み上げる**ことができるようになります。積み上げたものをくずして、次に横に並べるなど、遊びが多彩に発展する時期でもあります。また、横に並べた積み木を乗り物や建物などに見立てて遊ぶようにもなります。

2歳半頃には、横に並べた積み木の中央に1個積んで家に見立てたり、横に並べた積み木の片側の端に1個積んでトラックに見立てるなど、一歩進んだ**見立て遊びの構成も可能**になってきます。

● 紙の二つ折りが可能に

紙やハンカチを折る、たたむといった動作ができるようになり、二つ折りや四つ折りで三角や四角が作れるようになります。

● はさみの1回切りができる

はさみが使えるようになるのもこの頃です。はさみを選ぶときは、穴がしっかり指にフィットして、刃先が丸いものにします。紙を切る前に、大きく刃先を開いたり、閉じたりする練習をさせるようにしましょう。

実際に紙を切るときは、細長い紙の1回切りから始めます。それをくり返すうちに、使い方のコツがわかってきます。刃先を人に向けないなど、安全な使い方を教えることも大切です。

■ 積み木の並べ替えができる

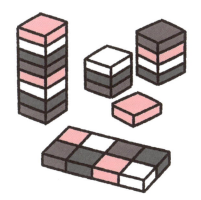

積み木は8個程度まで積み重ねることができる。積み重ねる個数を変えて、高さのバリエーションをつけたり、横に並べるなど遊びを展開していく。

Q&A こんなときは？

Q. いつも左手でクレヨンを持っていたら、右手で持つように言うべきでしょうか？

A. 無理に利き手を変える必要はありません

左手のほうがクレヨンを持ちやすそうなら、そのままにしておきましょう。無理やり右手に持ち替えさせるようなことは避けます。右利きを強制されることで、クレヨンだけでなく、食事のスプーンを持つこともいやがったりすることがあります。

2歳の発達のようす

2歳の こころ の発達

発達の目安
- ☐ 強い自己主張が始まり、大人に反抗する
- ☐ 感情をコントロールできる自律心がめばえる
- ☐ 決まりやルールがわかるようになる

自我の拡大で自己主張が強くなる

●何でも自分でやりたがる

自己主張が強くなってくる時期です。一般的に「いやいや」期といわれるように、大人の提案に対して、「いやだ」と反抗する場面が多くなってきます。これは、**「自我の拡大」という成長過程**です。

「自分が決めたことをしたい」「自分を認めてほしい」「自分のしたいことは大人とは違う」という自律心がめばえるため、順調に自我が育っている姿といえるでしょう。

何でも自分でやりたがることも多くなります。大人が手助けをすると、はじめからやり直す姿も見られます。しかし、うまくできないことでかんしゃくを起こすこともあります。

●自分のものへの執着が強くなる

「もっとちょうだい」「もっと〜がしたい」といった言葉も聞かれるようになります。自分のもの、自分の場所など、**自分の領域を広げたい**という思いが強くなってくるためです。

自分のものへの執着が強くなり、気に入ったおもちゃを一人占めにする、ほかの子どもと分け合うことを拒否する、自分がすでに持っているおもちゃをさらに欲しがる、といったことがあります。

■「いやいや」期

自己主張が強くなり、「××しなさい」という言葉には反抗する時期。

■おもちゃをもっと欲しがる

「自分のもの」という思いが強くなり、気に入ったおもちゃを一人占めにしたりする。ほかの子どもがそれで遊ぶことをいやがる、という姿が見られる。

● ほかの子どもより自分に多く分配

お菓子を配るように頼むと、自分の分を多くして、ほかの子には少なく分配する行動も見られるようになります。

また、いつも自分が座るいすに、他の子どもが座っていると、自分の領域を侵害されたと感じて、激しく怒ることもあります。

> 自己主張の一方で、
> 自立と甘えのあいだで揺れ動く

● 選択肢をあたえて満足感を

この頃の**自己主張に対しては、その気持ちを受け入れ、認めてあげる**ことが大切です。

たとえば、「お絵かきをしよう」という声かけに対して、「いやだ」と反抗するときには、「お絵かきをしようか？　それとも絵本を読む？」というふうに、**子どもに選択肢をあたえます**。そうすることで、子どもは「やることを自分で決めたい」という欲求が満たされます。

● 甘えてきたら手を貸す

着替えなどの生活習慣に関する「自分で」という主張には、手を貸さずに見守る姿勢をとります。しかし、まだ保育者の手を借りなくては、やりとげることができないこともあり、「できない」「手伝って」と甘えてくることもあります。

自立と甘えのあいだで揺れ動く時期でもあるので、自立したいという思いを尊重しながら、甘えてきたら手を貸すなど、その子どもの様子を見極めながら必要な援助をしていきます。自分の気持ちを受け入れてもらえた満足感によって、また「自分でやる」という思いを持つことができます。

● 子どもへの理解が安心感に

気持ちを受け止め、理解してくれる人がいる、という安心感が**子どもの自己肯定感**につながります。それは、新しいことへ挑戦しようとする意欲や、他者の気持ちを思いやる心を育み、コミュニケーション力の育ちにもよい影響を与えていきます。

■ 選択肢を与える

子どもに選択肢を与えると、「自分でやることを決めたい」という欲求が満たされ、積極的に行動を始める。

Q&A こんなときは？

Q. 避難訓練の防災ベルの音が鳴るたび、怖がって泣く子がいます

A. 安心できるように抱いてあげましょう

ドライヤーや工事音などの特定の音や暗闇などをとても怖がり、激しく泣く子どももいます。「怖くないよ、泣かないで！」と言うのではなく、「大丈夫だよ」とやさしく声をかけ、子どもが安心できるように抱いてあげましょう。こうした場面も成長するにつれ、消えていくことが多いです。

2歳の発達のようす

●だめなことはだめと教える

しかし、すべてを受け入れるわけではなく、集団のルールに反すること、やってはいけないことに対しては、**受け入れられないこともあると教えていきます**。子どもは拒否されたことで混乱し、さらに反発を強めたり、泣くこともありますが、そうした経験を積むことで、しだいに自分をコントロールする力が身についていきます。

> 3歳に近づくと
> 他者を受け入れられるようになる

●自我の充実で他者を受け入れる

3歳に近づくにつれ、**自分中心の世界から、しだいに他者の存在を受け入れるようになる、「自我の充実」**が見られ始めます。

たとえば、お菓子の分配を頼まれると、これまでは自分には多く、ほかの子どもには少なく分配していたのが、均等に分けられるようになります。足りない分は、自分の取り分から分け与えることもできるようになってきます。

●かんしゃくを起こしても見守る

思い通りにならないことに、激しく泣いたり、かんしゃくを起こすこともありますが、**気持ちを切り替える**ための大事なプロセスです。感情を思い切り表に出すことで、混乱や動揺がおさまります。そして、「やりたくないことだけど、やってみようか」と自分の気持ちをコントロールできる自律心がめばえてくるのです。

この時期の自己主張は、自律心を体得するファーストステップととらえて、見守ります。

●激しく泣いたときも怒らない

子どもは、自分を信じて、見守ってくれる大人の存在で、時間をかけて自律心を身につけていきます。**激しい感情を見せたときに、「怒っちゃだめ」「泣いちゃだめ」と、混乱をおさえつける言葉は避け**、「いっぱい泣いていいよ」と子どもの心に寄り添います。

■ お菓子の分配ができる

2歳前半では自分の取り分を多くする傾向があるが、2歳後半になると、ほかの子どもにも均等に配れるようになってくる。

■ 対の関係の理解ができる

自分の身のまわりのものなどについて、「大きい—小さい」などが区別できるようになる。

他者に目が向き、ルールがわかり、ごっこ遊びができるようになる

●おもちゃの貸し借りができる

遊びや生活にルールがあることを理解し始めます。目に見えないルールや決まりごとがわかるのも、この時期の特徴です。それによって、ほかの子どもと**おもちゃの貸し借りができる**ようになったり、**順番を守れる**ようになってきます。

また、「長い―短い」「大きい―小さい」「多い―少ない」など、対の関係への理解が進み、見ただけでその違いがわかるようになります。

●遊びのバリエーションが広がる

遊びにも発展やバリエーションが見られるようになります。たとえば、積み木遊びでは、積み木を積み上げて家に見立てる、その積み木を横に並べて電車に見立てる、積み木をかごなどに入れて移動し、別の場所で新たな遊びを始める、などです。

●ごっこ遊びに興味を持つ

2歳後半になると、他者に目が向けられるようになることで、**自分以外の人やものに興味を持ち始めます**。また、「自分でしたい」という意識が強くなることで、大人がすることに興味を持ち、**まねをしたがる**ようになります。

ままごとやお店やさんごっこなどの「ごっこ遊び」もそのひとつです。身近な大人のまねや経験したことを再現する遊びを展開し、「いらっしゃいませ」「××ください」など、簡単な言葉のやりとりを楽しみます。

●お手伝い興味を持つ

お手伝いにも興味を持ちます。すぐにまねができる動作とまねのできない動作の両方があるとき、好奇心が強まり、**まねしたいという欲求が高まる**のです。食事の準備で保育者が食器を並べている姿をまねて一緒に並べることで、ていねいに食器を扱う動作を獲得していきます。大人のまねは、生活に必要なことを知る手がかりになっていきます。

■ ごっこ遊びができる

「先生みてください」

子どもは、「ごっこ遊び」で日常生活や自分の体験を再現しながら、想像の翼を広げて、自分の世界に没頭する。

Q&A こんなときは？

Q. 保育者に「〜していい？」とひんぱんに許可を求めてくる子どもがいます

A. 家庭で禁止事項が多いのかもしれません

遊びや生活にもルールがあることをわかり始めた証拠でしょう。ただ、ひんぱんに許可を求めるようであれば、家庭で禁止されていることが多いのかもしれません。保護者と話し合ってみましょう。

2歳 の発達のようす

2歳の ことばの発達

発達の目安
- ☐ 2歳前半で、2語文を話すようになる
- ☐ 2歳後半で、3語以上の多語文を話すようになる
- ☐ 「これ、なあに?」「なんで?」など質問をくり返す

理解する言語が爆発的に増え、2語文を話す

●話せる言葉は300語に

1歳後半では30～50語だった話せる言葉の数が**2歳前後でおよそ300語と爆発的に増えます**。目の前にないものをイメージできる象徴的思考の発達が関連しているといわれています。2歳半頃には、さらに500語まで増えていきます。

また、実際に口にする数よりも、**口には出せないけれど意味は理解している言葉のほうが多い**と考えられています。

●2語文を話すようになる

「ワンワン」「ブーブー」などの名詞に動詞を組み合わせて、「**ワンワン、いた**」「**ブーブー、ない**」**といった2語文を話す**ようになります。

子どもは、2語文で状況や気持ちを表現しようとするので、保育者は子どもが何を伝えたいのかをくみとって、「ワンワンもお散歩してるね。かわいいね」など、2語文を補っていきます。

子どもは大人の語りかけを通して、言葉を覚えていきますが、この頃には、絵本などに出てくる言葉をひんぱんにまねするようにもなります。

●形容詞、副詞も使える

「長い―短い」「大きい―小さい」などの対の概

■2語文を話す

子どもは、「ワンワン、いた」などの2語文で、犬が散歩をしていたこと、犬が好きなこと、などさまざまな思いを表現し、人と対話できるようになる。

■「これ、なあに?」と聞く

質問をくり返すのは、好奇心の表れ。自分の質問に、目を見てきちんと答えてくれる人に子どもは安心と信頼を感じる。

念の発達によって、「ぞうさん、おおきい」「ながい、でんしゃ」というふうに、形容詞も使えるようになっていきます。さらに、「ちょっと」「いっぱい」などの副詞も使えるようになります。

●対話ができるようになる

名詞、動詞、形容詞、副詞などを組み合わせた2語文を話せるようになると、自分の欲求を言葉で伝えられるようになるため、対話ができるようになります。

また、「ご飯、食べる」と子どもが伝えてきたときに、保育者が「ご飯が食べたいのね」と助詞を入れて言い直したり、「おなかがすいたから、ご飯が食べたいのね」と状況を言葉にすることによって、さらに言語への理解が深まっていきます。

●言葉で要求を示す

「××ちゃん、欲しい」「××ちゃん、飲む」と、会話の中に自分の名前を入れることで、要求をはっきりと示すことができるようになります。「もう一回」「もっと」「ちょうだい」などの要求を示す言葉も使うようになってきます。

保育者が2語文にきちんと対応することで、子どもは言葉で欲求を伝えられたことに達成感を覚えていきます。

自分のものにしたい欲求から ものの名前を尋ねる

●「これ、なあに?」をくり返す

ものに名前があることを理解するようになり、興味があるものを指さして、「これ、なあに？」と聞くようになります。これは好奇心の表れです。また、それに触ってみたい、遊んでみたい、という欲求から「これ、なあに？」と尋ねることもあります。

自分が覚えた名前が正しいかどうかを確認するため、同じものの名前を何度も尋ねることがあります。同じ問いかけにも、その都度答えるようにします。

子どもは、自分の問いかけに答えてくれる人に安心感を持ち、信頼するようになっていきます。

2歳

■絵本を見る

2歳頃には、「おかえり」「ただいま」など、単純なやりとりがくり返される絵本を好む。決まった構成に安心感を覚える。

Q&A こんなときは?

Q. 2歳の男の子です。1語文しか話せません

A. 言葉の遅れだけなら大丈夫です

音に反応し、運動機能の発達の遅れがないようなら、心配ないでしょう。男の子は女の子よりも言葉の発達が遅い傾向があります。言葉の遅れだけなら、成長に伴い、話せるようになってきます。

2歳の発達のようす

●**日常の挨拶ができる**

「おはようございます」「こんにちは」「さようなら」など、日常の挨拶ができるようになります。

●**言葉が考える手段にもなる**

大人の言葉への理解も進んできます。「お片づけしたら、お散歩へ行こうね」「手を洗ったら、おやつにしようね」という、**2つの異なった文章の関係がわかるようになります。**

言葉がコミュニケーションの手段として発達するだけではなく、考えたり、記憶するためにも使われるようになります。

> 「なんで?」「どうして?」を
> くり返す質問期が始まる

●**2歳後半で多語文を使うように**

2歳後半になると、**3語以上の言葉を使う多語文が話せる**ようになります。はじめは「××ちゃん、公園行った」「××ちゃん、ケーキ好き」など単語を並べる話し方ですが、しだいに「××ちゃん、公園に行ったよ」「××ちゃん、ケーキが好きなの」という助詞を入れた話し方ができるようになります。

●**「なんで?」をくり返す質問期の始まり**

見聞きしたことや、身のまわりのことに、「これ、なに?」「あれ、なに?」と聞くことに加え、大人の言葉に、「なんで?」「どうして?」と質問するようになってきます。**これを質問期といいます。**

そうやって、子どもはものの名前を確認したり、好奇心を満足させています。何度もくり返される質問に困ってしまうこともあるかもしれませんが、可能な範囲で答えてあげたいものです。

●**従属文が使えるようになる**

「なんで?」「どうして?」と質問するようになると、物事の因果関係もわかるようになってきます。**「いっぱい歩いたから、のどがかわいた」「ぶつけたから、ここ、いたいの」**など、**主節と従属節から成り立つ複文が使える**ようになります。

■「なんで?」をくり返す

自分が見聞きしたことに「なんで?」と質問をくり返す。子どもに「どうしてだと思う?」と聞き返し、一緒に考える姿勢も大切。

■自分の名前を言う

自分の名前、年齢のほか、家族の名前なども言うことができる。

● 伝言が言えるようになる

「先生がお散歩行くって」「ママがお迎え来るって」というふうに、その場にいない人から聞いた言葉を伝えたり、「××ちゃんに、おもちゃ貸してって言って」など、話している相手に第三者への伝言を頼んだりするようにもなります。

● 自分の名前を言える

自分の名前や年齢、家族の名前、保育園・幼稚園の名前などの情報も話せるようになってきます。

また、時間の概念がわかるようになることで、「昨日」「今日」「今」「さっき」といった言葉を使えるようになってきます。

> 言葉が出てこない子どもには
> 時間をかけて話を聞く

● 言葉が出てこないときは見守る

発音がはっきりせず、また言いまちがいも多い時期ですが、「違うよ。それは××だよ」と、いきなり訂正するのではなく、まずは言葉を発したことを認めてあげてから、正しい発音を伝えるようにします。

また、言いたいことに対して、適切な表現が見つからずに、「あのね、あのね」「えーとね、えーとね」と、なかなか言葉が出てこない子どももいます。

保育者は、言おうとしていることを察しながら、**最低限の言葉かけをして、子どもから言葉が出てくるのを待ちます**。言いたいことを先回りして言うことは避けます。

何かを言いたそうに近づいてくる子どもには、「どうしたの？」と声をかけ、目を見ながら話を聞いてあげましょう。子どもは話を聞いてもらった満足感で、さらに話すことへの関心を高めていきます。

● 独語は心配いらない

一人遊びをしているときに、独語が見られることもあります。言葉を確認したり、言葉を発する練習をしているので、この時期の独語は心配することはありません。

■ 日常の挨拶ができる

登園時には「おはようございます」、帰るときは「さようなら」など、日常の挨拶ができるようになる。

Q&A こんなときは？

Q. 奇声を上げる子どもがいます。やめさせたほうがよいのでしょうか？

A. 奇声を発する気持ちを受け止めてあげましょう

子どもが奇声を上げるときは、気持ちを受け止めてもらえない欲求不満があったり、つらい思いをしているときなどです。うるさいからとやめさせるよりも、子どもの気持ちを受け止められるよう、ゆったりとした気持ちで接するようにしましょう。

2歳 の発達のようす

2歳の 人とのかかわり の発達

発達の目安
- ☐ 友だちと一緒に遊びたがる
- ☐ ごっこ遊びを展開する
- ☐ 気の合う友だちができる

・自己主張がぶつかり合い おもちゃの取り合いなどが起きる

●友だちとおもちゃを取り合う

2歳頃は、複数の子どもが同じ場所で、それぞれの遊びを楽しむ「平行遊び」の時期ですが、しだいに友だちと一緒に遊びたいという欲求を持つようになります。ものや保育者が仲介となって、友だちとごっこ遊びをするようになります。

一方で、人やものへの執着が強くなっていき、おもちゃの取り合いや場所の奪い合いなどで、激しく自己主張する姿も見られるようになってきます。

●子どもの気持ちを代弁する

おもちゃなどものの取り合いになった場合、保育者は、一方の子どもに**「おもちゃを取っちゃだめでしょ」という否定的な言葉かけをすることは避けて、**公平な立場を守ります。

まず、「××ちゃんは、遊んでいたおもちゃを取られて、怒っているのね」「○○ちゃんは、このおもちゃで遊んでみたかったのね」と、**けんかになった原因を言葉にしながら、それぞれの気持ちを代弁します。**

その後の行動は、子どもの判断にまかせます。取り合っていたおもちゃを返したり、貸したりできたときは、その判断を尊重して、「わかってくれて、

■おもちゃの取り合いが起きる

おもちゃや遊具などの取り合いをとおして、自分の思い通りにならない体験をすると、激しく泣いたり、怒ったりする。

ありがとう」と両者に声をかけます。

●おもちゃの貸し借りのルールを教える

保育者が声をかけるときは、おもちゃを取った子どもに対しては、**「いきなり遊んでいたおもちゃを取られたら、お友だちは悲しくなっちゃうよ。貸してって言おう」と伝え**、友だちに「いいよ」と言われたら、おもちゃを受け取り、「だめ」と言われたら、遊び終わるのを待つ、というルールを教えていきます。こうしたけんかも、子どもが友だちの気持ちを知り、自分の気持ちと折り合いをつける経験になります。他者との関わりを身につけていく、よい機会になるでしょう。

> 友だちの名前を呼び
> 気の合う友だちができ始める

●友だちの名前を呼ぶ

2歳後半には、友だちの名前を覚えて、呼び合う姿が見られるようになります。

気の合う子や気になる子ができて、その子の様子をじっと見る、そばに寄る、同じ動きをとるといった行動で、もっと関わりたいという気持ちを表現するようになります。

仲良くなると、一緒に行動して、徐々に相手の気持ちがわかるようになっていき、その気持ちに合わせようとする姿も見られるようになってきます。

●「見てて」と声をかける

保育者に**「見てて」と声をかける様子がひんぱんに見られる**ようになります。そのときは、「怖いな。大丈夫かな」「できるかな。やめようかな」と期待と不安を同時に持っていることが多いものです。まずは、「先生が見てるよ」と安心させてから、子どもが一歩踏み出せる言葉や、前向きな言葉をかけていきます。

また、上手にやりとげてほめてもらいたい、という気持ちの表れという場合もあり、そのときは子どもの様子を見守り、達成できたときは喜びを共有します。

2歳

■ 気持ちをコントロールできる

友だちの気持ちを知り、自分の気持ちと折り合いをつけることができる。

Q&A こんなときは？

Q. 一人遊びが多い子どもがいます。もっと友だちと関わらせたほうがよいでしょうか？

A. そのうち自然と仲間ができます

一人遊びは、自主性の育ちや創造性、知性の発達に必要な時間です。そのうち自然と気の合う仲間同士で遊ぶようになるので、見守っていきましょう。

[生活習慣]  2歳の  食事

上手にスプーンが使えるようになります。自分で食べる喜びを感じられるように、楽しい雰囲気で食べることが大切です。

自分で食べる意欲を大切に

●介助は最小限に

手指の巧みさが増してくる時期で、スプーンを使って食べられるようになります。2歳前半は、まだまだ食べこぼしも多く、うまく食べられないと手づかみになることもありますが、**介助は最小限に止め**、一人で食べようとする意欲を見守ります。

援助のポイント

- □ 食べにくいものは、ひと口で食べられるように小さく切り分ける。
- □ 食べこぼさないように、いすに深く座らせる。
- □ 一人一人の食事量を把握して、食べ残しが出ないように配慮する。

●器を持つことに挑戦する

スプーンが上手に持てるようになったら、**器を持って食べる**ことに挑戦します。最初はスプーンを持っていないほうの手を器に添えます。汁わんは、両手で持って飲むようにします。それに慣れてきたら、茶わんや汁わんを片手で持てるようにしていきます。

人差し指から小指までの上に茶わんや汁わんをのせ、親指を軽く添える。

食事のマナーを大切に

●食事は楽しく、おぎょうぎよく

食事のマナーも大切です。食事中に歩かない、口の中に食べものを入れたままおしゃべりをしないように伝えます。おしゃべりに夢中で食事が進まない子どもには、食べることに集中できるように言葉かけをします。

●「いただきます」「ごちそうさま」を習慣化

みんなで食事をするときは、**一人で食べ始めてはいけない**ことを教えます。子どもたちが全員席につくのを待って、「いただきます」の挨拶をしてから食べます。食べ終わっても「ごちそうさま」を言うまで席を立ってはいけないことも伝えていきます。

■食器の並べ方

配膳にも気を配ることが大事。ご飯が左、汁物が右、主菜は奥。箸を使うようになったときに、これが食べやすい配置でもある。

箸への切り替え準備を始める

● **スプーンは移行持ちで**

スプーンが上手に使えるようになったら、スプーンの持ち方を、えんぴつの握り方のような「移行持ち」に切り替えます。**移行持ちは箸の持ち方に近いので、3歳以降に箸への切り替えがスムーズになります。**

ふだんの遊びにも、指人形などを使い、親指、人差し指、中指を動かして、箸の動きを取り入れていくとよいでしょう。

■ 移行持ちのスプーンの持ち方

指をピストルのかたちにする。

人差し指と親指のあいだにスプーンをはさみ、中指で支える。

親指と人差し指を添えて、軽く握る。

食器を正しく持って食べる

● **左手に食器を持って食べる**

2歳を過ぎれば、スプーンやフォークを上手に使えるようになります。スプーンを徐々に箸の握り方に近い持ち方に変えていくことで、早い子では、2歳後半頃からスプーンと箸を併用するようになります。

それと同時に、食器もうまく使えるように援助していくことが大切です。この時期の子どもは、左手を食器に添え、右手でスプーンや箸を持って食べられるようになります。一人ひとり、発達の状況に応じて無理のないように援助します。

● **扱いやすい食器を選ぶ**

底が広く、安定する食器を使用するようにしましょう。また、両側に取っ手がある食器は持ちやすいので、汁物を食べるときに使用するとよいでしょう。

言葉かけ のヒント

お手本を見せてあげる

食器を置いたままにして食べるよりも、左手を食器に添えながら食べたほうが食べやすいことを、実際に一緒に食べながら見せ、「こうやって食べようね」などと伝えていくのがよいでしょう。

[生活習慣] **2歳の 排せつ**

少しのあいだ排尿を我慢できるようになるため、トイレでの排尿回数が増え、一定時間をパンツで過ごせるようになります。

排せつの自立を促す

●**排尿を我慢できるようになる**

膀胱の括約筋（かつやくきん）の発達によって、「おしっこしたい」と感じてから、**しばらく排尿を我慢できるようになります。**

はじめは、散歩前、食事前など一日の流れの節目に、保育者が「トイレに行こう」と誘います。**トイレの雰囲気や便器に慣れることが大切**なので、実際に出なくてもかまいません。

「おしっこがしたくなったら、教えてね」と伝えて、尿意を感じたら、子どもが自分の意思でトイレに行けるように導きます。

●**排せつはトイレでするもの、とわかる**

便器で排尿ができたら、「おしっこできたね。えらいね」とほめます。排せつはトイレでするもの、とわかってくると、保育者に「おしっこ」と伝えられるようになってきます。

> **言葉かけ のヒント**
> **排せつを促す声かけを**
> トイレで排尿はできても、排便はできないこともあります。便器に座らせ、「うーんってしてみよう」と声かけをして、排便のやり方を教えます。

パンツへの切り替えを進める

●**昼間の一定時間をパンツで過ごす**

トイレでの排せつ回数が増えて、**おむつを濡らさなくなったら、昼間の一定時間をパンツで過ごす**ようにしてみます。時期としては、尿の量が少なくなる春から夏が適しています。

遊びに夢中になっていたりすると、**漏らしてしまうこともありますが、それを伝えてきたことを「よく言えたね」とほめます。**

自尊心を守るために、ほかの子にわからないように、プライバシーを確保した場所で新しいパンツに替えます。そして、「だれにも言わないからね」と伝えて安心させます。

トイレに間に合わなかった原因や、排尿のサインも把握しておきましょう。

■**洋式便器の使い方**

便座に対して後ろ向きに立ち、ズボンとパンツを下ろして座る。下ろした衣服は手でおさえる。

> 🏠 **保護者との連携**
> **パンツへの切り替えは家庭でも同時期に**
> パンツに切り替える時期は、保護者と連携して、同じタイミングで行うようにします。排せつの時間サイクルには個人差があるので、そのタイミングでトイレに連れて行くなど情報も共有します。

2歳の睡眠

2歳児は情緒の分化が進むため、疲労回復のためにも午睡は重要です。午睡までの行動の流れを習慣化させ、入眠しやすくします。

落ち着いて眠れるように

● 午睡はエネルギー回復に必要

2歳の1日の睡眠時間の目安は、11～14時間です。そのうち1～2時間を午睡で確保します。**感覚や情緒の分化が急速に進む時期なので、疲れやすく、活動エネルギーの回復のためにも十分な睡眠が大切**になってきます。

昼食後は、午前中の活動の興奮や緊張を鎮めるために、絵本を見る、お絵かきをするなど、静かな時間を過ごし、午睡の準備に入りましょう。

午睡前は、着替える→トイレに行く→ふとんに横になる、など一連の流れを習慣化させて、入眠しやすくします。

> **環境構成のポイント**
>
> **落ち着いた雰囲気で入眠の態勢に**
>
> 寝る前に部屋の電気を消してレースなどのカーテンを引き、薄暗くします。そして「おやすみなさい」と声をかけます。起きる時間になったら、部屋を明るくして「おはよう」と挨拶をします。それによって暗くなったら寝る、明るくなったら起きる、という意識づけができます。

寝つきの悪い子を落ち着かせる

● 寝つきの悪い子には個別に関わる

不安があって甘えたい子や、午前中の遊びの興奮が鎮まらない子には、個別に関わり、手を握ってあげるなど、心を落ち着かせます。

寝つきの悪い子には、横になっているだけでよい、と伝えます。

眠りに落ちるまで、**お気に入りの毛布やタオルをつかんでいる、指をしゃぶるなど、「入眠儀式」が必要な子もいます。**

眠りに入るときの不安な気持ちを落ち着かせるために行っているので、無理にやめさせることはありません。「入眠儀式」がなくても眠れるようになるまで見守ります。

> **援助のポイント**
>
> ☐ いつも決まった場所にふとんを敷いて、そこに行けば自分のふとんがあるという安心感を持たせる。
>
> ☐ 寝つきの悪い子どもは、しばらく抱いて、気持ちを落ち着かせる。

2歳の 着脱 ［生活習慣］

衣服の着脱を自分でやろうとしますが、まだ時間がかかります。達成感が得られるような援助を心がけていきましょう。

一人で着脱ができるようになる

● **着脱に意欲的になる**

「自分でやりたい」という思いが強くなることで、**衣服の着脱にも意欲的に取り組む**ようになります。**まだ時間がかかりますが、手を出さずに見守ります。**たとえば、おしりが引っかかって、ズボンをはけないでいるときに、さっと引き上げてあげるなど、うまくいかない場面では、さりげなく手助けをします。

■ 着方

①衣服の裾を持ち、頭から被り、顔を出す。

②片腕ずつ袖から出し、最後に裾を引っぱり下ろす。

■ 脱ぎ方

①片方の袖口を持って、腕を上に引き上げる。反対側も同様に。

②両手で服の裾を持ち、肩まで引き上げたら、襟首と身頃を持ち上げて、頭から抜く。

> **これは NG!**
> **否定的な言葉かけはしない**
> 自分でやる意欲を見せているときは、時間がかかっても、まずは見守りましょう。後ろ前だったり、うまくいかなくても「だめでしょ」など否定的な言葉かけはしないようにします。

子どもが達成感を持てるように

● **一人でできたらほめる**

着脱を終えたら、「**上手に着られたね**」「**一人でできたね**」と声をかけ、**自分でやりとげたことをほめます。**

いつもは一人でできるのに、その日の気分で「できない」「手伝って」と言うこともあります。**途中で助けを求めてきても、最後の部分は自分でやらせましょう。**そうすることで達成感が味わえます。

子どもは「一人でできた」という達成感と満足感を持つことで、自立の心を育んでいきます。

● **うまくいかない子は「脱ぐ」から取り組む**

「着る」よりも「脱ぐ」ほうが比較的スムーズにいきます。着脱がなかなかうまくいかない子どもは、まずは**「一人で脱ぐ」から取り組む**とよいでしょう。

> **保護者との連携**
> **靴も着脱しやすい工夫を**
> 靴も一人ではきたがる時期です。保護者には、少し大きめで、かかとがかたい靴を選ぶように伝えます。はき口のかかとを引っぱりやすいように、ひもやリングをつけてもらいましょう。

2歳の 清潔

基本的な清潔習慣を身につける時期です。手洗い、うがいは感染症予防にも大切。保育者が手本を見せながら習慣づけましょう。

手洗いの習慣をつける

● 食事前やトイレ後に手を洗う

一日の生活の中で、**おやつ、食事の前、トイレの後なども手洗いの習慣がつくように声をかけていきます**。手洗いは感染症予防のためにも大切にしていきたい習慣です。

絵本や紙芝居などをとおして、目に見えないばい菌があることを知らせて、手洗いに興味が持てるようにしていきます。

● 清潔と不潔の違いがわかる

清潔と不潔の違いがわかるようになることで、絵の具やクレヨンを使ったお絵かき、砂遊びなどで**手が汚れると、「拭いて」と言ってきたり、自分から洗おうとする**姿が見られるようになります。

手のひらを洗っておしまいにするのではなく、甲、指のあいだ、指先、手首まできちんと洗うように指導します。

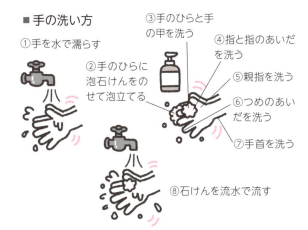

■手の洗い方
①手を水で濡らす
②手のひらに泡石けんをのせて泡立てる
③手のひらと手の甲を洗う
④指と指のあいだを洗う
⑤親指を洗う
⑥つめのあいだを洗う
⑦手首を洗う
⑧石けんを流水で流す

援助のポイント

☐ 手洗いのときは、保育者が付き添い、洗い忘れ、泡の流し残しがないか確認する。

☐ 手洗いの後は、一人ひとりの手を見て、清潔になったことの気持ちよさを感じられるように、「きれいになったね」とほめる。

うがいを身につける

● うがいで感染症を予防

2歳頃になると、歯みがきに必要な「**ブクブクうがい**」ができるようになります。口に含んだ水を左右のほおを交互にふくらませながら、ブクブクさせて吐き出します。

さらに、2歳後半では、上を向いてガラガラと音を立て、下を向いて吐き出す「**ガラガラうがい**」もできるようになってきます。感染症予防にも効果的です。

役立つ！ひとくふう

ガラガラうがいには目印を

ガラガラうがいをするとき、上にイラストなどを貼って目印として、「これを見ながらガラガラしてごらん」と伝えてもよいでしょう。下を向いて水を吐き出す直前は、口を閉じていることを確かめましょう。

[生活習慣]

鼻をかむ

● **片方の鼻の穴をおさえて鼻をかむ**

2歳後半頃になったら、自分で鼻をかむように教えていきます。まずは、鼻から息を出す練習をします。ティッシュペーパーを鼻の前にかざし、鼻からフーッと吐きだした息で、ティッシュが揺れるのを確認します。

鼻をかむときは、**鼻の穴を片方ずつ押さえてかむように手を添えて伝えていきます**。両方いっぺんに思い切りかむと、中耳に圧力がかかり、中耳炎を起こすことがあるので避けましょう。

■鼻のかみ方

援助のポイント

- 鼻水が出にくいときには、ホットタオルなどで鼻を温めると、鼻水がゆるんで出やすくなる。
- 乾燥して鼻の下にこびりついた鼻水は、温かい湯で湿らせたガーゼなどでそっと拭き取ると痛くない。

楽しくお片づけを

● **ひと目でわかるように収納を工夫する**

自分で遊んだものは、自分できちんと片づける習慣を身につけていきます。積み木、ブロック、ごっこ遊びの道具など、収納する箱には、子どもがわかりやすいように**イラストや写真のシール**を貼っておきます。箱はいつも決まった場所に置き、ままごとの食器や食べものは、隣り合わせに置くなど置き方にも工夫します。

● **遊びたい気持ちを尊重する**

ものに執着が見られる時期なので、片づけの時間になっても、**おもちゃを手放すことをいやがる子どももいます**。そういうときは、「じゃあ、もうちょっとだけ遊んだら、先生と一緒に片づけようね」と、子どもの気持ちを受け止めてから、片づけへと誘導していきましょう。

援助のポイント

- 「お片づけしたら、お散歩へ行こう」など、先に楽しいことがある、という見通しを知らせる。
- 片づけが終わったら、「きれいになって嬉しいね」と気持ちよさを伝える。
- 最後に「よくできたね」とほめる。

3歳の発達

- 3歳の発達のようす ……………………………… 124
- 3歳の生活習慣 ……………………………… 138

3歳の発達のようす

3歳のからだの発達

発達の目安
- [ ] バランス感覚が発達する
- [ ] 3歳後半で2つの動作を同時にできるようになる
- [ ] 遊具での遊びが上達する

バランス感覚が発達する

●体の発育
　3歳頃には体重13～16kg、身長91～97cm程度になり、乳歯の20本がすべて生えそろいます。成長ホルモンの働きが活発化して、骨や筋肉が発達し、強化されます。体の発育によって活動量が増え、食事量も増えてきます。リンパ節や扁桃などのリンパ系の機能が発達して、免疫力が高まってきます。

●つま先歩き、かかと歩きができる
　歩く、走る、跳ぶ、転がる、ぶら下がるなどの基本的な運動機能がさらに伸びてきます。それに加えて、**バランス感覚が発達**することによって、**3歩程度のつま先歩き、かかと歩き、マット運動ではでんぐり返しができる**ようになります。平均台を渡ることもできるようになってきます。

　目を閉じたままの前進、後退、横歩きにも挑戦する姿が見られるようになります。

●2つの動作を同時に行える
　「～しながら～する」という、**2つの動作を同時に行うことに挑戦**するようになります。たとえば、**片足を上げてケンケンで前進する**、といったことです。3歳前半では上げた足が下がってきてしまい、まだむずかしいようですが、3歳後半にはできるよ

■ 平均台

バランス感覚が発達することで、平均台も上手に渡れるようになる。平均台にまたがって進む、腹ばいで進む、下をくぐるなどいろいろな展開も可能。

■ 前方回転

マットの上で、前方回転（でんぐり返し）ができるようになる。しかし、連続して行うことはまだできない。

> 基本的な運動機能に加え、バランス感覚も発達してきます。つま先歩きや目を閉じて歩くことにも挑戦し始めます。三輪車をこいだり、遊具を使って遊ぶのも上手になります。手指は、左右で別々の動きができるようになります。

うになっていきます。

走っているときに急に曲がったり、「止まって」と言われると、すぐにその場で止まったりすることもできるようになります。

●階段を交互に足を出して上れる

階段の上り下りは、下りるときはまだ1段ずつ両足をそろえる下り方が見られますが、上るときは**3段程度なら手すりにつかまらずに、足を交互に出して上れる**ようになります。

自分で何でもしたがる時期なので、大人が手助けをしようとすると、それを拒んで自分で上り下りしたがることが多くなってきます。

遊具を使った遊びが上達する

●ペダルをこいで三輪車に乗れる

三輪車や補助付き自転車のペダルをこいで前進することもできるようになります。目と手と足を同時に使って、ハンドルを動かしながら、進行方向を変えるといったこともできるようになります。

平らなところでスムーズに乗れるようになったら、板などを利用して、なだらかな坂道を作り、上り下りに挑戦させてみましょう。

●すべり台遊びに工夫が見られる

遊具での遊びも上達してきます。鉄棒にぶら下がったり、ジャングルジムは1段よじ登れるようになります。

すべり台は、ただすべり降りるだけでなく、途中でスピードを調整したり、仰向けになってすべるなど、自分で遊びを工夫する姿も見られるようになります。ブランコに乗って、膝を屈伸しながら、立ちこぎをする子どもも現れます。ただし、ブランコをこげる、こげないは個人差が大きいようです。

ボールは、頭上から投げることができるようになります。1回程度なら、地面にボールをついて、キャッチできるようになります。

■ケンケン

「〜しながら〜する」という2つの動作を同時に行うことができるようになるため、足を上げて前進するケンケンが可能になる。

Q&A こんなときは?

Q. ひとつの遊びに集中できない子どもには、どう対応すればよいですか?

A. 興味を持つ遊びを把握しましょう

ひとつの遊びにじっくり取り組めないのは、好奇心が旺盛なせい。多くのおもちゃをあたえず、その子が興味を持つおもちゃに集中して遊べる環境を整えることが必要です。

3歳 の発達のようす

全身の運動機能が高まる

●運動の経験により身体感覚が高まる

3歳頃は、このほか、おす、引っぱる、またぐ、蹴るといった運動機能も高まる時期です。骨や筋肉の成長、強化のためにも、身体機能を十分に生かした外遊びが大切になってきます。

子どもは、さまざまな動作や運動をたくさん経験することで、体の動きをコントロールしたり、身体感覚を高めていきます。また、この時期に土踏まずが形成されてきます。

手指の機能がさらに発達する

●両手は左右別々の動きができる

3歳は、手指を動かしたり、使ったりする機能が発達する時期です。

2歳では、両手で同時に「グーパーグーパー」ができるようになりますが、3歳では、手本を見せる人がいれば、片手で「グー」、もう片方の手で「パー」をする「一人じゃんけん」など、**ゆっくりと左右別々の動きができる**ようになります。

それは、ひとつの目的のために両手の別々の動きを協応させることができることを意味しています。たとえば、片方の手で紙を持って、もう片方の手ではさみで切るといったこともできるようになります。

●ボタンの留め外しも可能に

両手で別々のことができるようになることで、手指を使った造形や手遊びなどが楽しくなってきます。また、着替えるときに、大きめの前ボタンなら、手指を細かく動かしながら、留め外しができるようになります。

●「～してから～する」という動きが発達

紙を折ってから切る、粘土を丸めてから細くのばすなど、「～してから～する」という動きができ

■「一人じゃんけん」ができる

お手本を見せてあげれば、片手で「グー」、もう片方の手で「パー」をするなど、ゆっくりと左右別々の動きができる。

■お絵かきで顔を描く

お絵かきでは、頭から手足が出る「頭足人」という表現で、顔を描くようになってくる。やがて、胴体も描くようになる。

るようになります。4歳になると、「〜しながら〜する」という段階へ進んでいきます。

道具を上手に使えるようになる

●丸や線、点を組み合わせて描ける

指先の機能がさらに発達して、細かい動きが可能になってきます。

お絵描きでは、**大小の丸をたくさん描いたり、丸と線や点を組み合わせて描くようになります**。大きな丸の中に点や線を描いて、顔らしきものを描くこともあります。

3歳後半では、頭から手足が出る「頭足人」という表現で、顔を描くようになってきます。

砂場では型抜き容器でケーキやプリンなどを作ったり、砂山やトンネルを作ったりできるようになります。

●はさみを連続して動かせるようになる

はさみの使い方も上手になってきます。**紙を持ちながら、はさみで切る**ことができるようになるほか、はさみを連続して動かすこともできるようになってきます。

お手本を見せれば、包丁で野菜などを切ったり、ドライバーを使えるようになる子どももいます。意欲的になれることに取り組むのが、手指の機能を伸ばすポイントです。

●自分の手指で何かをする楽しさを大切に

手指の器用さには個人差があります。ただ3歳では力の加減がむずかしく、粘土を丸めるつもりがつぶしてしまったり、逆に力が入らずうまくいかず、「できない。やって」と援助を求めてくることもあります。

そういう場合は、自分でやろうとしたことを認めながら、「こうすると、できるようになるよ」とお手本を見せながら、自分の手指を使って何かをする楽しさがわかるように導いていきます。

■ はさみの使い方が上手になる

片方の手で紙を持ち、もう片方の手ではさみで切ることもできるようになり、さらに連続切りも可能になってくる。

Q&A こんなときは？

Q. 不器用な子どもには、どのように対処すればよいでしょうか？

A. 遊びの中に手指を使うことを取り入れてみましょう

生活が便利になり、靴は面ファスナーのものしかはけない、コップに直接口をつけて上手に飲めないといった子も増えています。ままごとの道具を包むスカーフを用意したり、ビーズ通しなどをするのもよいでしょう。少しむずかしいことは、スモールステップで達成感を得られるようにすると、子どもは積極的に取り組みます。

3歳 の発達のようす

3歳の こころ の発達

発達の目安
- ☐ 「～したら～する」という先の見通しが立てられる
- ☐ 自分で最後までやり通したい思いが強くなる
- ☐ 好き嫌いが出てくる

先を見通す力がつく

●**おにいちゃん、おねえちゃんへの転換期**

「赤ちゃん」から、「おにいちゃん」「おねえちゃん」への転換をはかろうとする時期です。

気持ちは「おにいちゃん」「おねえちゃん」でも、まだ上手にできないことも多く、現実がやる気に追いつかないこともあります。そこで、「まちがってるよ」「だめじゃない」などと指摘すると、プライドが傷つき、「やりたくない」「できない」と態度が消極的になってしまうこともあります。

保育者は、子どもの取り組む姿勢を認め、「自分にもできる」というやる気を「できた！」という事実につなげていく関わり方をすることが大切です。

●**甘えたい気持ちも受け止める**

「おにいちゃん、おねえちゃんらしくなりたい」という思いがある一方、まだ甘えていたいのが3歳児で、心が不安定で揺れ動きます。

自分がおにいちゃん、おねえちゃんにふさわしいのか、不安を感じることもあります。たとえば、友だちができることが、自分にはできそうもない、と感じたときです。不安から、自分勝手な行動をとったりすることもあります。

そのときは、行動を正そうと叱責せずに、まず心

■ **認めてあげる**

あこがれのおにいちゃん、おねえちゃんに、自分がふさわしいかどうか不安を感じる時期。失敗したときでも、子どもの行為を認めてあげることが大切。

■ **見通しが立つ**

「昨日」「今日」「明日」など、時間の概念を理解し、「明日になったら、遊園地へ行く」というように、先の見通しが立てられるようになる。

の揺れを理解して、不安な気持ちを受け止めることが大切です。「できない」と甘えてくるときは、具体的な方法を知らせるようにします。

● 「〜したら〜する」という見通しを持つ

2歳頃には、時間の概念を理解して、「昨日」「今日」「今」「さっき」などの時間を表す言葉を使うようになりますが、**3歳ではさらに先を見通す力がついてきます。それがこの時期の大きな特徴です。**

「トイレに行ったら手を洗う」「ご飯が終わったら着替える」など、「〜したら〜する」という行動の流れがわかってきます。

それによって、「ご飯が終わったら、棚から着替えを出しに行く」というふうに、行動を順序立てて考えられるようになっていきます。

先を見通す力は、その場に応じて、自分がどういう行動をとるべきか、自分でコントロールする自律の心を育むことにつながっていきます。

● 新しい環境でも「見通し」を持てるように

2歳から3歳になったときは、保育室も変わり、新しい環境になります。子どもは「自分の力で、見通しを持って生活したい」と思いますが、テーブルの配置やおもちゃの置き場所なども変わり、どうしてよいかわからず、活動に消極的になることもあります。

環境が変わったときは、子どもたちが見通しを持って生活できるように、ものの置き場所や守らなければならないルール、一日の流れなどをくり返し伝えていきましょう。

● 自分で決めたことをしたい

3歳になってからも、引き続き「自分で」と主張し、大人の手助けを拒むような態度が見られます。しかし、2歳の頃のように激しく泣いて自己主張をしたり、かんしゃくを起こすことはしだいになくなってきます。

この頃の自己主張は、先を見通す力がついたことで、自分が決めた順序で最後までやり通したい、**自分が決めたことをしたい、という思いが強くなってくる**ためです。

■ 環境が変わったときは伝える

2歳から3歳になって、新しい環境になったときは、子どもが見通しを持って生活できるように、おもちゃの置き場所や一日の流れをくり返し伝える。

Q&A こんなときは？

Q. 「自分で」という子どもを待ってあげる時間がないときはどうすればよいでしょうか？

A. 「手伝わせてくれる？」と尋ねましょう

集団生活では、待ってあげられる状況ばかりではありません。そんなときは、「先生に手伝わせてくれる？」と言葉かけをします。「やってあげる」と言って手を出してしまうと、子どもは反抗します。まずは自分でやりたいという気持ちを認めてから、手を貸しましょう。

3歳

3歳の発達のようす

●新しく体得したことは自分でやりたがる

不完全ながらも着脱や排せつが自分でできるようになったり、前よりも手指を器用に動かせるようになったことで、「何でも自分でできる」と自信がつき、人の手を借りたくない、という思いを強くしていきます。特に新しく体得したことは、最後まで自分でやりたがるようになります。

「自分でやりたい」という思いが強いため、友だちに口を出されると、「言わないで」と怒る姿も見られます。自分の意思で物事に取り組む姿勢から、子どもの主体性は育まれていきます。自分でやり通したいという思いを見守るようにしましょう。

> 3歳児における
> 思考の2つの特徴

●行動しながら考える

3歳では、論理的に考えることがまだできません。しかし、行動しながら、「こうすればできるかもしれない」と考えることができます。そのため、実際にやってみて、失敗や成功の経験を重ねていくことが大切で、それによって新しいことに挑戦する姿勢や意欲が育まれていきます。できるだけ体を使って取り組める機会を増やしていきましょう。

●イメージ的な思考

自分の経験したことが思考に強く影響しますが、その思考はイメージ的です。たとえば、雪を見て、一人は「綿菓子みたい」と言い、別の一人は「かき氷みたい」と言うかもしれません。経験に基づくイメージなので、同じ雪でも、そのとらえ方は一人ひとり違うのが特徴です。

また、その思考は現実や事実とは違うこともあります。自分で一生懸命に拾い集めたドングリは、実際には数が少なかったとしても、「たくさん」と感じたら、それは「たくさんのドングリ」として認知します。保育者は現実と違っていても、「そんなに多くないよ」と修正せずに、共感する姿勢を見せましょう。

■ イメージ的な思考をする

3歳児はイメージ思考。雪を見て、これまでの経験から、「綿菓子みたい」「かき氷みたい」と言うなど、とらえ方は一人ひとり違う。

■ お手伝いをしたがる

大人のしていることに興味が出て、お手伝いをしたがる。ものを運ぶ、手渡しをするなど、自分にできそうなお手伝いを好む。

● 見立て遊びが発展

積み木を電車に見立てて遊ぶなどの「見立て遊び」は2歳頃から見られますが、3歳になると、さらに発展を見せます。ものなどの共通点や似たところを探し出す力がついてくるためです。たとえば、新聞紙を丸めておだんごを表現したり、チラシを折ってお財布を表現したりします。

また、特徴を捉えて表現することもできるようになり、ゾウなら鼻を長く、キリンなら首を長く描くようになります。

> 絵本やアニメの主人公にあこがれ
> たり好き嫌いが出てくる

● お手伝いをしたがる

他者の存在を理解できるようになることで、大人のしていることに関心を持ち、**お手伝いをしたがる**ようにもなります。ものを運んだり、だれかに手渡しするような、自分にできそうなお手伝いを好む傾向があります。まだ上手に手伝うことはできませんが、「がんばったね」「ありがとう」と、がんばりをほめるような言葉をかけていきます。

● 絵本のストーリーを楽しめる

絵本は、2歳頃には絵や言葉のリズムに面白さを感じますが、3歳頃には先を見通す力がついて、**結末が予想できるようになり、絵本のストーリーを楽しめる**ようになってきます。

また、絵本やアニメのストーリーに入り込んだり、その**主人公にあこがれて、自分と同一視する**ことも見られるようになります。主人公になりきって「ごっこ遊び」を楽しむこともあります。

転んだときに泣かなかった主人公を見て、転んでも泣かないなど、物語の影響を受けるような姿が見られます。

● 好き嫌いが出てくる

人やものに対して、好き嫌いが出てきます。好きな色やキャラクターの衣服を着たがったり、気に入った遊びを何度でもくり返すようになります。

■ ストーリーのある絵本を楽しめる

先を見通す力がついて、物語の結末が予想できるようになり、ストーリーのある絵本も楽しめるようになる。主人公にあこがれたりすることも。

Q&A こんなときは？

Q. 「××していい？」と許可を求める子どもに自主性を持たせたいのですが？

A. 言葉をかけすぎていないか、振り返ってみましょう

けがなどに配慮して、つい何かを禁止するような言葉かけをしたり、次の指示を出していませんか。子どものやることを見守り、やってみようとする気持ちを大切にしてあげましょう。後で、見守っていた様子を伝えると、信頼されていることがわかり、自信を持って生活できるようになっていきます。

3歳の発達のようす

3歳の ことばの発達

発達の目安
- [ ] 日常の言葉のやりとりがスムーズになる
- [ ] 「ぼく」「私」と一人称を使うようになる
- [ ] 「なんで？」「どうして？」という質問をくり返す

日常生活の言葉は不自由がなくなる

●**友だちと遊びの中で会話をする**

3歳までに理解できる語彙数は900～1000語に増え、**日常生活での言葉のやりとりが不自由なくできる**ようになり、**友だちと遊びの中で会話をする**など、言葉を交わすことも増えていきます。自分の姓名、性別、年齢が言えるようになり、身近な人についても姓名や性別がわかるようになってきます。

●**一人称で自分を呼ぶ**

自分のことを話すときに、「××ちゃん」「××くん」と名前を使っていたのが、「**ぼく**」「**私**」と一人称で言うようになります。

自分がしたいことは、「自分でやる」「一人でやる」と言ったりもするようになります。

●**抽象語の理解が進む**

食べもの、動物、乗りものといった**集合を表す抽象語の理解が進んできます**。そして、乗りものという言葉は、自動車、電車などを示すことがわかってきます。それにより、「好きな乗りものは何？」という質問には、「電車」などと答えられるようになります。

●**過去・現在・未来の区別がつく**

時間の概念の理解が進み、**過去・現在・未来の区**

■ 一人称を使うようになる

これまで自分を「××ちゃん」と呼んでいたのが、「ぼく」「私」と一人称を使うようになる。

■ 数への興味が出てくる

数への興味が出て、目の前のものと対比させながら、数を数えることができるようになる。しかし、実際に理解できるのは「3」くらいまで。

別がつくようになり、「昨日、ママとお買い物に行ったよ」という過去の話をしたり、「明日、おばあちゃんの家に行くんだ」という未来の予定について話すようになってきます。

> 「なんで？」「どうして？」という
> 質問をくり返す

● 数に順序があることを理解する

数への興味が出てくる頃です。たとえば、読み終わった紙芝居を「何枚あったかな？」と、保育者が1枚ずつめくりながら、「いーち、にー、さーん……」と数え始めると一緒に声を合わせます。実際に目の前にあるものと数を対比させることで、**数に順序があることを理解する**ようになります。ただし、3歳で**実際にわかるのは3くらいまでの数字**です。

● 「なんで？」「どうして？」をくり返す

大人に「なんで？」「どうして？」と**質問する**ことが増えてきます。物事のしくみや理由に興味が出てくるためで、第二質問期ともいわれます。

不思議なこと、疑問に思ったことを解決したいと思うのは、知的好奇心です。「まだ、そんなことは知らなくていい」と言われてしまうと、何かを知りたいという欲求は必要のないことだと思ってしまうこともあります。たとえば、「なんで牛乳飲むの？」と聞かれたとしたら、「××ちゃんが大きくなれるように飲むんだよ」など、子どもがわかる範囲で、その理由や原因を答えるようにします。「××ちゃんはなんでだと思う？」と、子どもと一緒に考えるのもよいでしょう。

● 自分の言動の理由を話す

自分の言動にも理由を言うようになってきます。友だちのおもちゃを自分のものだとかんちがいして使ってしまい、それを指摘されると、「知らないあいだに入れ替わってた」など、自分を正当化する言い訳をします。これは自分の失敗を認めたくない、という防衛本能のひとつ。うそをつく意図はなく、成長の証しと思って気持ちを受け止めます。

■ 第二質問期がくる

言葉の数が増えるとともに、身近なものに興味を持ち、「なんで？」「どうして？」という質問をくり返すようになる。

Q&A こんなときは？

Q. 言葉がつまるときに注意したほうがよいでしょうか？

A. ゆっくり待ってあげましょう

言葉を発するときに、「えーとね」「あのね」とくり返したり、どもる場合は、言いたいことに言葉が追いつかないのです。「ゆっくり話してごらん」と言ったりせずに、落ち着いた気持ちで話を聞いてあげましょう。

3歳の人とのかかわりの発達

発達の目安
- □ 相手を思いやる気持ちがめばえる
- □ ルールや決まりごとを理解するようになる
- □ 好きな友だちと遊ぶようになる

他者の存在に気づき思いやりがめばえる

●相手の気持ちがわかり始める

言葉の発達で他者とコミュニケーションがとれるようになり、**社会性を身につけていく時期**です。「ぼく」「私」と自分を呼ぶことで、「あなた」という存在に気づき、相手の立場に立って、**思いやる気持ちがめばえ**てきます。

しかし、その一方で自己主張が強い時期なので、「ぼくが」「私が」と言い張ることで、トラブルになることもあります。その裏には、「手伝ってあげたかった」「自分が使っていたのに」といった思いがあったりしますが、自分の意思を言葉ではっきり伝えることはまだむずかしいため、ぶつかり合いになりがちです。そのため、保育者の適切な仲立ちが不可欠となります。

●トラブルを回避する言葉かけ

たとえば、遊びたいおもちゃの取り合いになったときは、まず「○○ちゃんは、これを使いたいのね」と気持ちを認めます。そして、「黙って取ったら、××ちゃんがびっくりしちゃうよ。貸してって言おうね」と、**相手の気持ちに気づくような言葉かけ**をします。それでも友だちが貸してくれないときは、「『終わったら貸して』とか『一緒に遊ぼう』っ

■ ルールを理解する

ルールや決まりごとを理解するようになり、「いす取りゲーム」のような簡単なルールの遊びができるようになる。

■ 順番に並ぶことができる

ルールを理解することで、順番に並んで遊具で遊んだりできるようになり、友だちと遊ぶときのルールも守れるようになってくる。

て言ってごらん」と、子どもにどう言えばよいかを伝えます。

おもちゃの取り合いなど**衝突する場面をとおして、友だちの気持ちに気づくことができます**。また、こうしたぶつかり合いで、保育者が適切な仲立ちをすることで、自分の気持ちを言葉で表現できるようになっていきます。

ルールや決まりごとを理解する

●遊ぶときのルールがわかるようになる

遊びのルールがわかるようになってきます。しっぽ取りやフルーツバスケット、いす取りゲームなど、簡単なルールの遊びから始めます。**ルールに沿って遊ぶことを通して、順番に並ぶ、交代で遊ぶなど、みんなで遊ぶときのルールも理解する**ようになっていきます。

固定遊具などの遊びでは、保育者が「終わった人は列の最後に並んで」「××ちゃんは○○ちゃんの後ろだよ」と、一方的に指示をしてしまいがちですが、遊ぶ前にどうすれば仲良く遊べるか、ルールや決まりを考えさせて、自主性を育みたいものです。

好きな友だちができ始める

●好きな友だちと一緒に遊ぶ

好きな友だちや気の合う友だちができ始めて、30分程度なら、一緒に遊ぶことができるようになります。一緒に遊びたい子どもがブロック遊びをしていれば、「ぼくも」「私も」と、自分からその遊びに参加し始めて、それをきっかけに好きなものや興味の対象が広がることもあります。

遊びの輪に入れずにいる子どもには、「『入れて』と言えばいいよ」と伝えます。

●友だちのはげましでがんばれる

2歳では大人に認められることに喜びを感じます

■ 友だちと一緒に遊べる

友だちの遊びに興味を持ちながら、仲間に入れずに一人で遊んでいる場合は、「入れて」と言えばよいことを伝える。

Q&A こんなときは？

Q. 異年齢保育がうまくいくコツは何でしょうか？

A. 年上の子をリーダーにするとうまくいきます

年上の子に、ごっこ遊びのリーダーになって、遊びを引っぱってもらうとうまくいきます。たとえば、年上の子がお店やさんごっこの八百屋さん、お魚やさん、お花やさんなどを開いて、イラストで描いた商品を並べます。そして、折り紙などでお財布とお金を作り、年下の子をお店に招待します。

3歳 の発達のようす

が、3歳になると友だちに認められることも嬉しくなってきます。たとえば、室内で飼っていたカブトムシが苦手だった子どもが、ちょっとだけ触れるようになったとき、友だちに「××ちゃんが、触れたよ！」「すごいね！」と言われると、子どもは嬉しくなります。そして、次はもっとがんばろうかなと思えるようになります。

さまざまな場面で、「やりたくないな」「怖いな」と思っていることでも、友だちのはげましや応援で勇気を持って踏み出す姿も見られるようになります。

> ごっこ遊びや人まねで
> 言葉や想像力が育つ

●ごっこ遊びが発展する

2歳頃から見られる「ごっこ遊び」は、さらに発展を見せるようになります。この時期に好んで**再現するテーマは、身近な大人をモチーフにした「お医者さんごっこ」や「お店やさんごっこ」**などです。

こうした「ごっこ遊び」には、その人物になりきる、診察や接客などの動作をする、注射器やレジなどの道具を使う、互いにやりとりをする、という多面的な楽しさがあります。

絵本やアニメのストーリーの理解が深まることで、「プリンセスごっこ」や「ヒーローごっこ」などでも遊ぶようになります。

●役割がはっきりしたごっこ遊びが最適

まだ一人遊びが中心の年齢なので、店員と客、医師と患者など、**役割がはっきりしたごっこ遊びのほうが、子どもたちは楽しめます**。はじめは、場面設定や役割の関係づくりのために、保育者もその中に入ります。子どもたちだけで遊びが展開できるようになったら、あとは自由にさせて、遊びを見守ります。ときどき、役割を交代して、子どもたちがいろいろな体験ができるように配慮しましょう。

●ごっこ遊びから学ぶこと

ごっこ遊びから、子どもたちは多くのことを学んでいくものです。

■ 友だちのはげましでがんばれる

苦手なことでも、友だちに触発されてできるようになることも多い。「××ちゃんができた」「すごいね」と言われると勇気づけられて、もっとがんばろうと思う。

■ 人のまねで身体機能が伸びる

人のまねをすることで身体機能や想像力が伸びていく時期。年上の子の遊び方や行動がよいお手本になる。異年齢の交流機会を増やそう。

子どもは、接客中の店員や、診察・注射をする医師の**まねをすること**で、**大人の行動にさらに興味を持つ**ようになっていきます。ごっこ遊びをとおして興味を持ったことは、実際に調べたり、体験してみたり、という行為につながっていきます。

また、お店で大人のやりとりを観察し、ごっこ遊びで、「これ、いくらですか？」「100円です」というようなやりとりを再現することで、生活に根差した言葉が培われていきます。

● ごっこ遊びをとおして他者の気持ちを理解

ごっこ遊びには役割分担があり、その役に応じて「こういうふうに振る舞ってほしい」と期待されるものがあります。期待されて、その期待に応えるという経験は、子どもにとって楽しいものとなります。

何よりも、役になりきることで、「店員さんだったらこう話す」など、他者に自分を置きかえることで、他者の立場や気持ちを理解していくことにもつながります。自分だけ勝手なことをしてしまうと、その場がつまらなくなってしまうので、自分をコントロールする力も育っていきます。

年上の子や年下の子と関われるようになる

● 異年齢の子どもと遊べる

この時期は、人のまねをすることで、身体機能や想像力が伸びていきます。特に、**年上の子の遊び方や行動が身近なお手本**になります。

同じ年齢の友だちは、仲間意識を持ちながらも、自己主張がぶつかりやすいですが、年上の友だちであれば、素直に手助けを受け入れられるものです。相手が年下なら、面倒を見る立場になり、いたわったり、やさしい態度で接するようになります。

しかし、弟妹が生まれると、かわいがるよりも嫉妬することのほうが多いようです。4歳になると親の愛情を独占したい、という思いをコントロールできるようになり、弟妹をかわいがることで、親にほめられることが嬉しくなってきます。

■ ごっこ遊びが発展する

ごっこ遊びが発展を見せるようになる。ストーリーへの理解が進むことで、アニメや絵本の主人公になりきって遊ぶこともある。

Q&A こんなときは？

Q. 男の子の戦いごっこ。危険だからやめさせたほうがよいでしょうか？

A. 様子を見て、声をかけましょう

あこがれの世界を再現する「ごっこ遊び」は社会性、想像力を育みます。しかし、戦いごっこはその世界に没頭すると、ぶつかり合いも起こります。危険だと感じたときは、「××ちゃん。あぶないからやめて」と、名前を呼んで、現実に引き戻しましょう。

[生活習慣]  3歳の  食事

スプーンなどの「移行持ち」ができるようになり箸を使い始める時期です。遊びをとおして指先を使い準備を進めていきます。

箸を使って食べる

●**箸でつまむことができる**

食事のときに箸が使えるようになります。自分でできることが増え、大人がやっていることに興味を持つ時期ですが、箸を使いたがるのも、そのひとつです。箸でつまんだり、器の中の食べものを寄せ集めることができるようになります。

箸の使い方に慣れてくると、片方の手で食器を持ちながら、箸を使って食事ができるようになってきます。

●**移行持ちができたら箸へ**

スプーンやフォークから箸へ切り替えるときには、**「移行持ち」がきちんとできている**ことを確かめます。移行持ちができていないと、箸をうまく持てず、「握り箸」になってしまうことがあります。一度、不適切な持ち方で食べることになじんでしまうと、正しい持ち方に変えることは大変なことです。箸への切り替えは焦らずに、子どもの様子を見ながら行っていきましょう。

■ 箸の持ち方

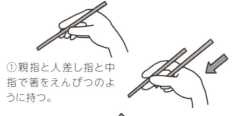

①親指と人差し指と中指で箸をえんぴつのように持つ。

②親指の根元からもう一本の箸を差し入れ、親指で固定する。

③下の箸を固定したまま、上の箸を人差し指と中指の操作で動かす。

援助のポイント

☐ 箸の先を友だちに向けないように伝える。
☐ 箸についた食べものをなめる「ねぶり箸」や、箸で食べものを突き刺す「刺し箸」はしてはいけないことだと伝える。

箸を使うために手指を使う

●**箸を使うには手指の発達が必要**

箸を使うには、手指の発達や手指を使う経験が必要です。遊びの中で、ビーズ通しなど指先を使う遊びを取り入れるようにします。指先に視線を向け、集中して動かす姿勢も養われます。

箸を上手に使えない子どもには、遊びの中に、小さく切ったスポンジなどを箸でつまむ練習を取り入れてみるとよいでしょう。

■ 使いやすい箸

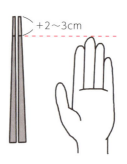

手首から中指の先までの長さ+2～3cmが持ちやすい長さ。先が細くすべり止めがついているものがよい。

食べる意欲を引き出す

●苦手な食材を食べる意欲を引き出す

食材の**好き嫌いが出てくる**時期です。何でも食べられるようになるのが一番ですが、苦手なものをなくすことにこだわってしまうと、その子にとって食事の時間がいやなものになりかねません。

苦手な食材を友だちがおいしそうに食べている姿を見せるなど、**食べる意欲を引き出す**工夫をしていきましょう。苦手なものはひと口でも食べられたらほめてあげて、自信をつけさせます。どうしても食べられない食材があれば、それを取りのぞいて「**これは残してもいいよ。でも、ほかのおかずは食べようね**」などとアプローチしましょう。

> **環境構成のポイント**
>
> **保育者も同じテーブルで食べる**
> 保育者も同じテーブルについて楽しい雰囲気で一緒に食事をします。子どもの好き嫌いや、食べるスピードなどに目を配りながら、よくかんで、落ち着いて食べるように伝えます。

■食材に触れる

●食材を育てる

園庭やベランダ、屋上などを利用して、野菜を育ててみましょう。苦手な食べものでも、自分が栽培や収穫に関わったものには関心を寄せ、食べる意欲につながります。プチトマト、ラディッシュ、ナス、ピーマンなどはプランターでも栽培できます。

また、グリーンピースやソラマメをさやから出すなど、調理前の食材に触れてみるのもよいでしょう。触感やにおいなどを体感するのは、食材に親しむよい機会になります。

お手伝いをする

●食事の準備、片づけを一緒に

テーブルを拭いたり、トレイやコップを配るなど、自分の体を動かして食事の準備をすることによって、食事が並ぶまでに、さまざまな人が手をかけてくれていることがわかり、調理してくれる人への感謝の気持ちが生まれます。食後は、食器の後片づけを一緒にしましょう。同じ種類ごとに食器を集めると重ねやすいこと、重ね過ぎると倒れてしまうことを伝えます。

[生活習慣] **3歳の 排せつ**

尿意を感じたら、自分から進んでトイレに行けるようになり、しばらくのあいだなら排尿を我慢できるようになります。

排せつの自立が進む

●自分から進んでトイレに行ける

3歳になる前に、多くの子どもがおむつを外せるようになります。「トイレに行こう」と言われなくても、**尿意を感じたら、自分から進んでトイレに行く**ようになります。また、散歩や食事、午睡の前にトイレをすませておくなど、**排せつに関しても見通しをもって行動する**ことができるようになります。

> **言葉かけ のヒント**
> 共感の言葉かけを
> 散歩前や午睡前などに、自分からトイレに行けたときは、「トイレに行ったから、これで安心だね」など、子どもが安心感を覚える言葉かけをしましょう。

●見通しを伝えればトイレを我慢できる

散歩の途中で尿意を感じるなど、すぐにトイレに行けない状況であっても、「もうすぐだから、我慢してね」というはげましがあれば、我慢することができるようになります。

排せつの自立をさらに進めるために

●パンツを脱がずに排せつができる

ズボンやパンツを**全部脱がなくても排せつできる**ようになってきます。しかし、排便後の拭き取りが不完全なこともあるので、保育者が確認するようにします。排せつ後は、トイレの水を流す、手を洗うといった**マナーも守れる**ようになります。

■排便後の拭き方

後ろから手を回して、前から後ろに向かって拭く。

●おむつが取れない場合

おむつが取れない子どもには、引き続き、「おしっこがしたくなったら、教えてね」と伝えます。排せつ後の報告が多い場合は、生活の節目にトイレに連れて行くようにします。トイレで排せつする経験を重ねながら、尿意を知らせることができるように導いていきます。

> 🏠 **保護者との連携**
> 漏らしてもしからない
> 家庭でも、食事前、睡眠前など時間を見計らってトイレに連れて行ってもらうようにします。便器で排せつできたときは、そのたびにほめてもらいましょう。また、漏らしてもしからないように伝えることも大事です。

3歳の 睡眠

眠くなると自分からふとんに入る姿が見られるようになります。寝つきが悪い、寝起きが悪い子どもには個別の対応が必要です。

寝つきの悪い子への対応

●寝つきの悪い子どもが出てくる

3歳の1日の睡眠時間の目安は、10～13時間で、そのうちの1～2時間を午睡で確保する子もいます。

この時期には、**「眠い」という状態がわかる**ようになり、午睡の時間になると、自分からふとんに入る子どもも見られるようになります。

その一方、午前中の活動で興奮や緊張が解けない子どもは寝つきが悪くなることがあります。夕方～夜まで楽しく過ごすためには、午睡で心と体の疲れをとることも大切だと知らせます。

また、おもらしを心配して寝つけない場合もあるので、そういう子どもには、午睡前にトイレへ行かせ、「大丈夫よ」と安心させます。

> **環境構成のポイント**
> **寝つけない子は別スペースに**
> 入園したばかりで、眠くなるとお母さんを思い出してぐずったり、泣き出したりする子どもは、部屋の外へ連れ出して、気分転換をはかるなど、個別の対応をとるようにします。

寝起きの悪い子への対応

●膝の上に抱いて安心させる

寝起きの悪い子どもには、しばらく膝の上に抱いて安心させてから、「さあ、起きる時間だよ」と声をかけます。それでもなかなか起きられないときは、水で濡らして絞ったタオルを顔にあてたり、楽しい歌を歌って起こしてみます。

●夜ふかしの子はなかなか目覚めない

必要な睡眠時間には個人差がありますが、なかなか起きられない子どもは、夜ふかしの傾向があります。特に、早朝から夜まで園で過ごす子どもは寝不足になりがちです。午睡の時間をしっかり調整し、早めに就寝できるように保護者と話し合いましょう。

> **保護者との連携**
> **夜間はデジタル機器で遊ばせない**
> スマートフォンやタブレットが発する明るい光は寝つきを悪くし、睡眠リズムを乱します。それによって寝つきが悪くなり、睡眠不足になりがちです。絵本の読み聞かせをする場合でも、夜はタブレットなどのデジタル機器は避けたほうがよいことを保護者に伝えましょう。

[生活習慣] **3歳の** 着脱

前開きの上着をはおる、大きなボタンを留める、衣服をたたむなど、できることが増え、着脱の自立が進んできます。

一人でできることが増える

●前開きの衣服を一人で着られる

着脱はできることが多くなってきます。前開きの上着などを前から後ろへ振りかぶって肩にかけ、腕を片方ずつ通して着られるようになります。また、握力がつくことで、後ろに手を回し、**パンツを腰まで引き上げてはく**こともできるようになります。

■上着の着方

●大きなボタンの留め外しができる

指先がうまく使えるようになることで、大きなボタンなら一人で留めたり、外したりできるようになります。シャツや上着などの一番上のボタンは、ボタンホールが見えにくいので、むずかしいところは保育者が手助けして、簡単なところから始めさせて、達成感を持てるようにします。

役立つ！ひとくふう

ボタンの留め方
ボタンホールにボタンを合わせたら、保育者がボタンを下から支えると、子どもが指先でボタンをくぐらせやすくなります。ボタンの大きな衣服のほうが留め外しはしやすいです。

着脱の自立をさらに進める

●立ったまま着替える

片足立ちができるようになってきたら、**ズボンは、そろそろ立ったままはかせてもよい**時期です。体のバランス感覚を養う練習にもなります。片足立ちが不安定な場合は、子どもの後ろに保育者が立ち、背中を支えるようにします。

■衣類のたたみ方

袖を片方ずつ身頃にのせ、襟を持って裾に合わせて身頃を半分に折る。

裾を上に折り曲げ、左右を半分に折る。

●衣服の前後、裏表、上下がわかる

衣服の**前―後、表―裏、上―下がわかる**ようになり、**一人でもたためる**ようになります。まだ手間取ることもあるので、着替えの時間は余裕を持って確保し、保育者はせかさずに、ゆったりした気持ちで見守るようにします。

役立つ！ひとくふう

つま先にイラストを描く
3歳ではまだ左右を逆にはいてしまうことも多いです。上履きには、つま先の内側にイラストを描き、左右を正しくはくことでイラストが完成するようにすると、まちがえません。

3歳の 清潔

石けんで手を洗ったり、ブクブクうがいができるようになります。虫歯予防のために食後の歯みがきをスタートします。

きれいになった気持ちよさを知る

●きれいになった気持ちよさに共感する

3歳になると、おやつや食事の前、トイレ後に**自分から進んで手を洗う**ようになります。その姿を認め、「きれいになったね」「いいにおいがするね」など、きれいになった気持ちよさを感じられるような言葉かけをしましょう。

同時に、手洗いやうがいをすることで、ばい菌やウイルスを体内に入れないようにすることの大切さを知らせていきましょう。

●顔を洗う

洗面器にためた水を両手ですくって、顔が洗えるようになります。顔を汚してしまったときや汗をかいたときなど、自分で顔を洗えるように、顔の洗い方を指導していきます。

洗面器にためた水を両手ですくい、頭を下げて、洗面器に顔を近づけて、両手で洗う。

歯みがきを習慣づける

●歯みがきに興味を持つ

何でも自分でやりたい、という意欲の表れで、**歯みがきにも興味を持ちます**。しかし、前歯を中心に左右に大きく動かすようなみがき方で、まだ細かい動きや、歯の場所によって歯ブラシの角度を変えたりすることはできません。

仕上げみがきは必要ですが、自分でやりたいという気持ちをまずは受け止めます。

■仕上げみがきのポイント

一人一人のみがき方をチェックして、みがき残しがないように、保育者が仕上げみがきをする。

●乳歯の虫歯は永久歯にも悪影響

3歳頃には、乳歯は20本すべて生えそろいます。乳歯が虫歯になると、永久歯よりも歯の厚みが2分の1程度しかないため、進行が早く、範囲も広がりやすいという特徴があります。

放っておくと、歯肉内で成長している永久歯にも悪い影響をあたえます。家庭と連携して、食後の歯みがきを習慣づけるようにしていきましょう。

援助のポイント

- ☐ 一人一人のみがき方をチェックする。
- ☐ 歯ブラシが届きにくい奥歯、歯と歯茎のあいだ、歯と歯のあいだは歯ブラシの角などを使って保育者がみがく。

[生活習慣]

自分で片づける習慣づけを

●おもちゃや衣服を片づける習慣を

着替え終わった衣服をたたんで、バッグやかごに入れて、**ロッカーなどへしまう**ことができるようになります。

また、かたちの識別ができるようになることで、同じかたちのブロックや積み木を集めて箱に入れるなど、**分類して片づける**こともできるようになります。遊び終わったおもちゃは自分で片づける、という習慣をつけていきましょう。

援助のポイント
- さまざまなおもちゃが混在しているときは、「最初にブロックね」「次は積み木ね」と、手順を説明する。
- 自分から進んで片づけをしている子どもをほめて、その子をモデルにしていく。

環境構成のポイント

絵や写真を利用する

おもちゃなどは収納場所がひと目でわかるように、棚ごとにしまうものの絵や写真を貼っておきます。

片づけに興味を持たせる

●ゲーム感覚でお片づけ

ままごとの道具を片づけるグループ、ブロックを片づけるグループなど、グループごとに役割をあたえると、ゲーム感覚で意欲を高めつつ、楽しみながら片づけができるようになります。遊びとセットにすることで、片づけに興味を持たせましょう。

●片づけた気持ちよさを共有

片づけが終わったら、「お部屋がきれいになって、気持ちがいいね」とほめて、片づいたことを喜び、その気持ちよさに共感しましょう。

保護者との連携

一緒に片づける

「片づけなさい」と指示するだけでは、子どもはなかなか動きません。保護者も一緒に片づけることで、片づけ方を覚えていくことを伝えましょう。

4歳の発達

- 4歳の発達のようす ……………………………… 146
- 4歳の生活習慣 …………………………………… 160

4歳 の発達のようす

4歳の **からだ** の発達

発達の目安
- ☐ 全身のバランスをとる能力が発達する
- ☐ 全身を使った粗大運動が上達する
- ☐ 手指の微細運動が発達する

全身のバランス感覚がさらに発達する

●4歳児の発育

4歳頃は、体重14〜17kg、身長98〜104cm程度で、均整のとれた体つきになってきます。4歳0か月から5歳0か月の1年間で、身長は6〜7cm伸び、体重はおよそ1kg増えます。

視力は1.0前後になり、遠近感がよくわかるようになります。耳の聞こえ方は大人と同程度になります。また、においや味は、より細かくわかるようになってきます。

●しっかりとした足取りで歩く

歩く足取りがさらにしっかりとして、**1時間以上の散歩**ができるようになります。**走る姿勢も安定**してきて、スピードが増してきます。

指示によって、走るスピードを上げたりゆるめたり、急に走り出したり止まったりすることもできるようになります。スキップも上達してきます。

また、跳べる幅が広がり、より高い位置から跳び降りることができるようにもなります。

●バランス感覚がさらに発達する

全身の**バランスをとる能力**が発達して、体の動きが巧みになってきます。

それによって、走ってカーブを曲がるときに体を

■ 遊具を使った遊び

身体機能が高まり、ジャングルジムや鉄棒、ブランコなどの遊具を使った遊びもダイナミックに楽しめるようになる。

■ 音楽に合わせて動く

音楽に合わせて、簡単な振りつけのダンスができるようになる。音楽が鳴っているあいだだけジャンプやケンケンの動きから始めてもよい。

身体機能が向上して、外遊びもダイナミックになってきます。自制心が身につき、思いやりを発揮するようになる一方、自意識のめばえで他者の評価が気になり始め、競争心も出てきます。生活面では自立してきますが、まだまだ甘えたい時期です。

傾けたり、足への力の入れ具合などを調整できるようになります。また、**片足で5〜10秒間**くらい立っていられるようになります。

重心の連続移動が可能になることで、タイヤ跳びやマット運動の前方回転などを連続して行えるようになってきます。ブランコやシーソーなどの遊具もバランスをとって上手に乗れるようになります。竹馬ができるようになる子どもも現れます。

●**2つの動作を同時に行うスタイルが確立**

「〜しながら〜する」という**動作を獲得**して、片足を上げて前進する「**ケンケン**」が、**左右どちらの足でもできる**ようになります。

また、両足を屈伸させたまま跳ぶ「うさぎ跳び」、両手を頭の上に上げたままつま先で回転する「バレエ踊り」などもできるようになってきます。足をふんばって、上手投げでボールを投げたりもします。

簡単な振りつけのダンスが踊れるようにもなり、階段は、左右の足を交互に出して上り下りができるようになります。

ダイナミックな体の動きが可能になる

●**全身を使った運動が上達**

身体機能が向上することで、全身を使った「**粗大運動**」をのびのびと行えるようになってきます。いろいろな遊びに挑戦して、運動量も増えてきます。

壁際で両手を床につき、壁に両足をつけて下から徐々に上に上げて倒立の姿勢をとったり、両足を人に持ってもらった状態で両手で前へ進む「手おし車」などができるようになります。

ボールを投げたり受け取ったりができるようになり、また走りながらボールを蹴ることも可能になってきます。

●**遊具での遊びもダイナミックに**

遊具を使った遊びも上達します。棒をよじ登って足ではさんですべり降りたり、すべり台の傾斜面を手を使わずに、下から駆け上がることも可能になり

4歳

■ 倒立の姿勢をとることができる

壁際で手を床につき、壁に足をつけて下から徐々に上に上げ、倒立の姿勢をとることができるようになる。

Q&A こんなときは?

Q. 外遊びが苦手な子どもには、どう対応していけばよいでしょうか?

A. 室内でボール遊びなどをしてみましょう

体を動かす遊びに苦手意識があるのかもしれません。室内でボール遊びや体を使うゲームなどをして、体を動かす楽しさを味わってもらうとよいでしょう。ただ、室内遊びが好きな子どももいるので、個性を尊重してあげたいですね。

4歳の発達のようす

ます。鉄棒の逆上がりやブランコの立ちこぎに挑戦する子どもも現れます。ジャングルジムでもより高い所へ登れるようになるなど、遊び方がダイナミックになってきます。

> 手指の微細運動が発達し
> 細かな作業が可能に

●ひものかた結びなどができるようになる
手指の微細運動も発達してきます。これまでより細かい操作が可能になって、ジグソーパズル、ひものかた結びやボタンの留め外しなどがスムーズにできるようになります。

●時計回り、反時計回りの丸が描ける
お絵かきでは、3歳で大小の丸を描き分けられるようになりましたが、4歳になると**時計回りの丸と、それとは逆の反時計回りの丸を描ける**ようになります。利き手のほうが描きやすいようですが、基本的に左右どちらの手でも同じように描くことができます。目と手の協応動作が発達することで、**お手本があれば三角や四角を描き分ける**ことが可能になってきます。また、3歳では頭から手足が出る「頭足人」を描いていましたが、4歳頃から頭から手足や胴が出るようになり、その後、胴から手や足が出る「人間」を描くようになります。また、絵の中に、地面、家、部屋などが登場するようになります。

●はさみなどの道具の使い方がさらに上手に
両手の協応動作が確立することで、道具を使うことが上手になってきます。はさみは直線切りだけでなく、曲線に沿って切れるようにもなります。さらに、金づちやのこぎり、ナイフといった道具も使えるようになることで、道具を使った創作が楽しめるようになってきます。

●粘土造形に発展が見られる
粘土の造形では、全体を球状や円盤状に変形させたり、一部分を小さく変形させることができるようになります。また、小さな丸やひも状にしたパーツを組み合わせる姿も見られるようになります。

■ 描ける図形が増える

左右どちらかの利き手で、時計回り、反時計回りの丸を描いたり、お手本を見ながら三角や四角も描けるようになる。

■ はさみを上手に使える

はさみの使い方が上手になり、紙を手で持ちながら、はさみで切ることができるようになる。直線だけでなく、曲線も切れるようになる。

4歳の こころ の発達

発達の目安
- ☐ 我慢ができる自制心が身につく
- ☐ 他者の評価が気になる「自意識」がめばえる
- ☐ 「エピソード記憶」が発達する

感情を調整する自制心が身につく

●聞く力、考える力から自制心が生まれる

考えるときに用いる「内的言語」と、他者とのコミュニケーションで用いる「外的言語」の2つが使えるようになってきます。さらに、人の話を「聞く力」が育ってくることで、「考える力」が養われていきます。話のイメージをふくらませたり、共感することで「〜だけど〜する」という感情調整（自制心）が身についてきます。

それによって、**我慢などの耐性がつきます**。「さびしいけど、お留守番する」、「恥ずかしいけど、挨拶する」など、**いやなことでも乗り越えて、気持ちを前向きに変える**ことができるようになります。

●自制心により自分をはげます心も育つ

ただし、**保育者は子どもが我慢し過ぎたりしないように、つらい気持ちを理解してあげる**ことも大切です。思い通りにしたい気持ちと思い通りにならないつらさという葛藤をわかって、共感してもらうことをくり返しながら、子どもは友だちなど身近な人の気持ちがわかるようになっていきます。そして、「絵本をもっと見ていたいけど、貸してあげる」という行動へ結びついていきます。

自制心が身につくことで、新しいことに挑戦し、

■ 心に葛藤が起きる

自意識の発達で、取り組んでいることを「やりたい」けれど、でも「できない」という場面に遭遇すると、心に葛藤が起きる。

■ 自制心が身につく

自制心が身につくことで、「本当はまだ絵本を読んでいたいけれど、友だちに貸す」という行為ができるようになってくる。

4歳 の発達のようす

自分をはげましながら、粘り強くがんばりとおす心が育っていきます。

> 自意識が生まれ
> 他者の目が気になる

● 自我の形成で自意識が生まれる

自我の形成によって自分と他者の区別がつくようになると、他者を観察するようになります。同時に「他者から見られている自分」に気づき始めます。

そのために、「他者から変なふうに見られたくない」という**他者の目が気になる感情が出てきて、「自意識」**が生まれてきます。

自分の存在を人に認めてほしい、という意識から、強く自己主張するようになります。プライドが高くなり、ほめられたい欲求が出てくるようになります。評価にも敏感になり、園からの連絡帳などに自分のことがどう書かれているかが気になり始めます。

● できそうもないことには葛藤を抱える

その一方で、3歳で身につけた「見通す力」で、やらなければならないことでも、あらかじめ自分にはできそうもないと気づくことがあります。子どもの心の中で、**「できないと思われたくない」「でもできそうもない」という葛藤が起きる**ことで、大声で泣くなど感情の爆発を見せることがあります。

こういう場合は「がんばればできるよ」とはげますよりも、**「できないとくやしいよね」などの言葉をかけ**、「できない」という現実に直面して傷ついている心に寄り添うことが大切です。「はじめてやることなんだから、失敗しても恥ずかしくないよ」「失敗しながら上手になっていくんだよ」と、自尊心に配慮したはげましで、子どもは葛藤を乗り越えていきます。

● 気持ちの支えになる「心の杖」

自分の思い通りにいかなかったり、やらなければいけないことができなかったり、さまざまな葛藤に直面することで、子どもはストレスを感じるように

■ 「心の杖」が必要なこともある

苦手なことをがんばってやりとげようとする緊張やストレスから、ぬいぐるみやタオルケットなど安らぎを覚える「心の杖」が必要になることも。

■ 「〜しながら〜する」ことができる

「〜しながら〜する」は、行動面にも現れる。おしゃべりしながらでも食事をしたり、お絵かきなどができるようになる。

もなります。ルールを守らなければならないというプレッシャーを感じたり、ルールを守れずしかられてプライドが傷つくこともあります。

そんなときに、手に取ることで安心感を覚える**「心の杖」が必要**となる場合もあります。心の杖は、特定の人形やタオルケット、ハンカチ、おもちゃなどさまざまです。自分から必要としなくなるまで、見守っていきましょう。

> 記憶が発達し、
> 想像力も広がる

●「〜しながら〜する」が可能に

「見通す力」が身についたことで、原因と結果の関係を論理的に理解できるようになり、「〜しながら〜する」が行動面でも見られるようになります。

たとえば、これまでは食事中やお絵かきなどの作業中におしゃべりをすると手が止まってしまいましたが、おしゃべりしながらでも食事をしたり、お絵かきなどができるようになります。

●記憶がはっきりしてくる

言葉の獲得とともに記憶が発達し、2歳頃には印象に残った過去の出来事を話すようになりますが、**4歳頃には、「エピソード記憶」が可能になります。**自分の経験や出来事、それに伴う感情をはっきりと記憶することができるようになるのです。

これは、大人からの言葉かけなどによって、語彙数が急増し、経験したことや出来事などを言葉で伝えられるようになったことが深く関係しています。

また、記憶が明確になり、園やよく買い物へ行くスーパーまでの道順を記憶していたり、半年前に起きた出来事を覚えていることもあります。

●想像の世界で楽しむ

想像力が発達する時期です。現実の体験と絵本などで見聞きした想像の世界を重ね合わせ、動物やものにも心があると信じたりします。また、自分なりにストーリーを展開させたり、友だちとイメージを共有してごっこ遊びを楽しむこともあります。

■ 想像力が豊かになる

想像の翼が広がることで、その世界を味わえる一方、おばけや暗闇などに不安を感じるようになることがある。

Q&A こんなときは？

Q. 登所のときに泣いて保護者にしがみつく子ども。園が嫌いなのでしょうか？

A. 新入所児にはよく見られます

3〜4歳の新入所児にはよく見られる光景です。大泣きは、保護者と別れるのが悲しい、という子どもの感情表現です。保護者とのあいだでアタッチメント（愛着）が形成されているからこそで、時間が経てば機嫌よく登所できるようになります。

4歳 の発達のようす

その一方、大きな音や、暗い場所を怖がったり、おばけや、一人で取り残される不安などを空想して、おびえるようになったりします。

身近な自然に興味を持ち
好奇心も旺盛に

●「遠い―近い」「真ん中」がわかる

自分の生活圏での経験から、「遠い―近い」という感覚がわかるようになってきます。また、「上・中・下」というふうに、**真ん中の概念を持ち始めます**。「長い―短い」「大きい―小さい」をグループに分けることも可能になってきます。

●身近な自然、生きものに関心を持つ

草花、水、木、土、砂、昆虫など、身近な自然に興味を持ち始め、積極的に関わろうとする姿が見られるようになります。泥だんご作りや花摘み、木の実拾いなどを楽しみ、草地に分け入って虫探しに夢中になったりします。

そうして自分の手足を使い、見たり触れたりすることで、五感を働かせながら動植物の特性を知り、より豊かな関わり方を身につけていきます。

自然と関わることで、子どもは**身体感覚、色彩感覚**などを養っていきます。

また、ウサギやモルモットなどの小動物や昆虫などの生きものの飼育は、命の大切さを学ぶよい機会になります。えさをやり、排せつ物の始末をすることで生の営みを体験し、その死に直面したときは命について考えるきっかけにもなるでしょう。

●知的好奇心が旺盛になってくる

4歳頃には**知的好奇心が旺盛になる**ことで、疑問に思ったことは、何でも口にするようになります。

この時期には、科学的な知識が自然にめばえるので、「どうして風が吹くの？」「どうして夜は暗くなるの？」などといった疑問を持ち始めます。図鑑などを用意して、一緒に疑問への回答を探していくことで、知的な発達も促されます。

■ 身近な自然に関心が出てくる

身近な自然のものに関心が出てくる時期で、泥だんご作りや虫探しに夢中になる姿も見られる。動物の飼育で命の大切さを学習したい。

■ 図鑑などを見て疑問を解消する

自然科学への興味がわいてくる時期。保育者と一緒に図鑑などを見ながら疑問を解消していくことは、知的発達を促す。

4歳の ことばの発達

発達の目安
- [ ] 助詞、接続詞を使って話せるようになる
- [ ] 「だって」を使って理由を説明できるようになる
- [ ] 時間感覚の発達が進み「しばらく」などを使うようになる

接続詞を使って出来事を話せるようになる

● 日常会話に不自由がなくなる

語彙数が1600語程度になり、保護者や親しい保育者と日常会話ができるようになります。

遊びながら、友だちとの会話も活発になってきますが、「内的な対話」も多く見られます。「むずかしいけど、みんなと一緒だからやってみよう」「もっと遊びたいけど、順番だから貸してあげよう」など、状況と頭の中で考えたことを整理して、自分をはげましたり、気持ちを立て直すようになります。

● 助詞、接続詞が使えるようになる

助詞が使えるようになり、「ご飯、食べた、ママと」というような単語を並べる話し方から、「ママとご飯を食べたの」と、自然な話し方ができるようになります。

さらに、大きな特徴として、「それで」「だから」「でも」などの接続詞を使った複文が話せるようになってきます。たとえば、「今日ね、いっぱい走ったの。だから、のどがかわいちゃった」という話し方が可能になってきます。

● 「だって」を使って理由を話す

4歳後半になると、さらに言葉によるコミュニケーションがとれるようになり、たとえば、体操を

■ 接続詞を使って話す

「今日ね、いっぱい走ったの。だから、のどがかわいちゃった」など、「それで」「だから」「でも」などの接続詞を使った複文が話せる。

■ 「だって」、と理由を話す

言葉によるコミュニケーションが発達し、4歳後半には、「だって〜だもん」など、自分の行為について理由を説明できるようになる。

4歳 の発達のようす

しているときに床に座り込む子どもに向かって、「どうして座っているの？」と尋ねると、**「だって、足が痛いんだもん」**などと理由を説明できるようになります。

> 時間の感覚が発達し
> 表現の幅が広がっていく

● 物事の理由を説明する

自分なりの経験や知識によって、「××だから、○○だ」というふうに、2つ以上の事象を結びつけて、**物事の因果関係や理由を説明する**ようになります。それが事実と異なっていたり、科学的には誤りでも、自分なりに考えたことを尊重し、認めることが大切です。

● 時間の感覚の発達が進む

3歳で過去・現在・未来の区別がつくようになりますが、さらに**時間の感覚を表す言葉を使う**ようになり、「昨日の続きをしたい」「運動会まであと1週間だね」などと話し、先のことに見通しや期待を持って取り組むようになります。

● 「まあまあ」がわかる

「上・中・下」など、真ん中の概念を理解できるようになることで、「おなかすいた？」**「まあまあ」**など、**中間の領域の表現ができる**ようになります。それは、話す相手の顔の表情や話し方などから、微妙な感情を読み取る力につながっていきます。

> 言葉で表現する
> 体験を重ねる

● 挨拶の大切さを伝える

はじめて会う人でも、挨拶を交わすことで仲良くなれるなど、**挨拶の大切さ**を伝えていきます。保育者が率先して、明るく笑顔で挨拶をしていきましょう。

● 言葉を楽しむ機会をつくる

ごっこ遊びの中で会話を楽しんだり、絵本の読み

■ 問いかけながら紙芝居を読む

言葉の発達は、「話す」と「聞く」の両方を伸ばすことによって促されるため、絵本や紙芝居は、「みんなはどう思う？」など、問いかけをしながら読むとよい。

■ 子どもの話を順番に聞く

話すことが楽しくなってくる時期。一人が話していると、同時に数人の子どもが話してくることがあるので、順番に聞くようにする。

聞かせで言葉の面白さに興味を持つなど、この時期は、さまざまなかたちで言葉を楽しむようになります。**におい、手触り、音など、感じたことを言葉で表現**できる機会をつくり、子どもたちが言葉の経験を重ねていけるようにします。

劇遊びは、物語の登場人物と自分たちを同一化し、みんなでイメージを共有し合い、セリフやしぐさで表現する総合活動です。言葉も豊かになります。

● 言葉のやりとりを重ねる

言葉の発達は、「話す」と「聞く」の両方を伸ばすことによって促されます。他者の話に耳を傾け、自分の意見を言えるように、**絵本や紙芝居は、問いかけをしながら**読んでみましょう。

たとえば、「交通安全」をテーマにした絵本で、「××ちゃんが、ボールを追いかけて、公園を飛び出していきました。そのとき、車がキキーッと××ちゃんの前で止まりました。さぁ、みんなはどう思う？」と問いかけ、子どもたちから「あぶない」「だめ」といった答えを引き出しながら、やりとりを続けていきます。

パネルシアター、ペープサートなどで園での生活を再現し、経験したことや、思っていることを表現できるようにするのもよいでしょう。

● 子どもの話をていねいに聞く

子どもは**話したいことをゆっくり聞いてくれる**相手がいると、話が弾みます。子どもが進んで話ができるように、**ていねいに話を聞く**姿勢を見せていきましょう。

無口な子どもには、ぼそっとつぶやいたひと言に「そうだね。先生もそう思うよ」と共感する姿勢を見せます。自分の考えが認められたとわかると、安心して話ができるようになります。

同時に数人の子どもが話しかけてきたときは、「今は××ちゃんのお話を聞いているから、ちょっと待っていてね」と伝えて、順番に話を聞くようにします。

■ 汚い言葉を使う

汚い言葉や人がいやがる言葉を面白がって使うようになる。

Q&A こんなときは？

Q. 汚い言葉を使ったときには、どう対応すればよいでしょうか？

A. 使ってはいけないときもあると伝えましょう

この時期は、「バカ」「うんち」「おしっこ」といった言葉で、相手の反応を面白がることがあります。むやみに禁止するより、言われた相手がいやな気持ちになることや、言ってはいけないときがあることを伝えていきましょう。

4歳の発達のようす

4歳の 人とのかかわり の発達

発達の目安
- ☐ 集団遊びができるようになる
- ☐ 競争意識が高まる
- ☐ 友だちをモデルに上達を試みる

対人関係が大きく発展する

●**友だちとの関わりが発展を見せる**

4歳は対人関係において、大きな発展が見られる時期です。人の話を聞く力、考える力、共感できる力が身につくことで、「〜だけど〜する」という**自制心**が身につき、我慢ができるようになります。

それと同時に、自我の形成で自分と他者の区別がつき、自分を客観的に見られるようになることで、人からどう見られているかが気になる「**自意識**」がめばえます。

他者も客観的に見られるようになり、他者にも感情や考えがあり、それは自分とは違うものであることがわかってきます。

自制心と他者に配慮する気持ちから、自分の気持ちや考えを他者に押しつけてはいけないことがわかるようになり、**協調性や思いやりをもって、人と関われる**ようになっていくのです。それによって友だちとの関係も発展していきます。

●**集団遊びができるようになる**

3歳では、友だちと遊ぶこともできるようになりますが、基本的には同じ場所でそれぞれが一人で遊ぶ「平行遊び」が中心でした。

4歳になると、協調性が身につき、相手のことを

■ 集団遊びの「どろけい」を好む

協調性が身につき、集団遊びができるようになる。役割が明確で、ルールが簡単な「どろけい」などの遊びを好むようになる。

■ 自分たちでルールを考える

言葉でのコミュニケーションが発達し、自分たちでルールを考え、それを守って遊べるようになり、遊びがさまざまな展開を見せる。

考えて行動できるようになり、**「集団遊び」**が可能になってきます。仲間を誘ってグループをつくったり、「入れて」と声をかけてグループに加わります。そして、同じ**目的意識**を持って、**役割分担**を決め、長い時間一緒に遊べるようになってきます。

「どろけい」のように、追いかける役と逃げる役という役割が明確で、ルールが簡単な遊びに夢中になります。

●自分たちでルールをつくって遊ぶ

身体能力が向上し、できることが多くなったことに加え、言葉でコミュニケーションがとれるようになるため、**自分たちでルールを考え、それを守って遊ぶ**ことができるようになります。

たとえば、数人のグループで砂場で山を作っているうちに、「トンネルを掘ろう」「水を流して川を作ろう」などの思いつきをルールに取り入れ、遊びを展開させていきます。

保育者は遊びを誘導するのではなく、子どもの自主性を見守りましょう。

競争意識が高まり、負けてもくやしさをバネにできる

●友だちとのトラブルが増える

友だちと遊ぶことが楽しくなる一方、**トラブルも増えてきます**。ルールを守らない、遊具の取り合い、遊びの中での役割への不満、ぶつかる、足を踏む、悪口を言うといったことが原因になります。ルールや順番を守らない友だちを厳しく批判する姿も見られるようになります。

男の子のトラブルは、言い合いから**けんか**に発展することが多く、保育者が仲裁しやすいものですが、女の子のトラブルは**仲間はずれ**につながりやすく、表面化しにくいのが特徴です。成長後のいじめにつながる恐れがあるので、仲良しだったグループから一人だけがはずれているなど、異変を感じたら注意して観察しましょう。

子ども同士のトラブルは、どうしてけんかになっ

■ **トラブルが起きやすい**

4歳頃は、ルールを守らない、遊具の取り合い、ぶつかる、足を踏む、悪口を言うといったことが原因でトラブルが起きやすい。

Q&A こんなときは？

Q. 自分の意見を言えない子どもが自己主張できるようになるには？

A. その子を認める言葉かけをしましょう

お手伝いをしてくれたときなど、みんなの前でほめるなど、その子を認める言葉をかけ、自信が持てるように援助します。友だちに反論できなかったときは「××くんの意見を聞いてくれたのね、ありがとう」とほめます。このような経験のくり返しで、思ったことを言ってもよいとわかってくるでしょう。

4歳 の発達のようす

たのか、保育者が原因をさりげなく探りながら、相手の気持ちに気づかせて、自分たちで解決できるように導いていきます。

● **競争意識が高まる**

この時期には、**競争意識も高まってきます。**自意識の高まりや他者の存在を意識するようになることで、勝敗が気になり始めます。負けることがくやしくて、泣くこともあります。

4歳になると、子ども自身もつらいことに耐え、乗り越える力が身についています。**くやしさをバネにして、「次はがんばろう」**と自分を奮い立たせ、自分自身の力でくやしさを乗り越えていくようになります。このような体験をくり返しながら、大切なのは勝敗よりも、ルールを守ること、目標に向かってがんばること、負けても泣かないことだとわかっていきます。

一方で、競争意識の高まりは、「××ができる」「○○を持っている」など、おたがいに自慢し合うことにもつながっていきます。それがエスカレートしたとき、うそをついてけんかになることもあるので、保育者は注意します。

● **勝敗よりがんばった姿勢を認める**

勝ち負けがはっきりしているゲーム性のある遊びは、競争心がかきたてられ、夢中になれるものです。しかし、勝ち負けにこだわると、遊びそのものが楽しめなくなったり、勝てそうもないとわかると、参加を拒むようになったりします。

保育者は、**大切なのは勝ち負けという結果よりも、そのために全力を尽くしたこと、あきらめずに最後までがんばったこと**だと伝えていきます。

> もっと上手になりたいという
> 向上心を持つようになる

● **向上心がめばえてくる**

競争意識の高まりによって、友だちとの遊びの中で、たとえば鉄棒が上手な友だちを見たときに、「自分も、もっと上手になりたい」という**向上心**を持つ

■ 競争意識が出る

競争意識が高まり、一番になりたいという気持ちが出てくる。負けるとくやしくて泣くことも。勝ち負けより全力を尽くすことが大事だと伝えていく。

■ 向上心が高まる

友だちが上手にやっている姿を見て、自分も「もっと上手になりたい」と思うようになる。友だちのやり方をまねて、取り入れることも。

ようになります。

　友だちのやり方をモデルにして、自分のやり方に取り入れていこうとします。そして、目標とする姿に近づくために、**進んで練習に取り組む**ようになります。自分で自分をはげましながら、やりとげようと、がんばる姿を見せます。

　練習を重ねて上手になる経験をした子どもは、新たに挑戦したいことが出てきたときに、最初はできなくても、練習すればしだいにできるようになることを学習します。

　しかし、「できる」か「できない」かで判断してしまう子どもは、できなかった時点であきらめてしまいがちです。保育者は、スモールステップを設定して、上達を実感しやすいように導いていきます。

　一方、**自分が得意なことを友だちに教えることは、その子にとって自信になります**。自分が教えたことで、友だちが少しずつ上達し、喜びを共有することで、親しい関係になっていきます。また、教えたり教わったりする関係から、思いやりと感謝を学んでいきます。

年下の子どもと思いやりを持って交流できる

●年下の子たちとの交流で思いやりを発揮

　同じ年齢の友だちが相手だと、けんかになるようなことも、相手が年下であれば、自制心が働いて、たとえばたたかれても、我慢できるようになります。

　また、着替えや食事の準備など、自分が上手にできるようになったことについて、年下の子たちに援助できるようになります。年下の子どもとの交流の中で、さらに人を思いやる心が養われていきます。

　思いやりは、自分が何かをしてもらって嬉しかった体験をベースに育つものです。他者の行為や心づかいに気づき、感謝の気持ちを伝えられるように導いていきます。

■年下の子への思いやりを持つ

着脱や食事の世話など、自分ができるようになったことを年下の子に援助する姿が見られる。年下の子たちとの関わりを通して、思いやりが養われる。

Q&A こんなときは？

Q. ゲームに負けるとすぐに泣き出す子。くやしさを次に生かしてほしいのですが

A. 負けた原因を一緒に考えてあげましょう

くやしかった気持ちを受け止め、まず勝ち負けではなく、一生懸命やったことが大事だと伝えます。そして、どうやったら勝てたかを一緒に考え、「次はがんばろう」という意欲を引き出していきましょう。

[生活習慣] **4歳の 食事**

食べることに意欲的になる時期です。自分たちで育てた野菜を調理して食べるなど、「食」に関わる喜びを体験しましょう。

いろいろな食品を食べる

●食品をまんべんなく食べる
絵本やカードを使って、肉、魚、野菜、乳製品などには、それぞれ体をつくるうえで大切な役割があり、健康のためには、**いろいろな食品を食べる**ことが大切だと伝えていきましょう。

●三色食品群を知る
食品と体づくりの関係を知るために、この時期に伝えたいのは「黄グループ」「赤グループ」「緑グループ」の**三色食品群**です。

体と食べものの関係を知ることで、食品に興味がわき、バランスよく食べようとする姿勢が養われます。

●ご飯、おかず、汁物は交互に食べる
好きなものだけ先に食べてしまうと、苦手なものが残ってしまい、食べることに時間がかかったり、苦痛を感じてしまいます。ご飯とおかず、汁物は交互にまんべんなく食べるように伝えます。

■三色食品群

黄グループ
ご飯・パン・麺類・いも類は黄グループ。体を動かすエネルギーになる。

赤グループ
肉・魚・卵・豆類は赤グループ。血や肉のもとになる。

緑グループ
野菜、果物、きのこは緑グループ。ビタミン、ミネラルなどを含み、体の調子を整える。

環境構成のポイント

三色食品群の表を保育室に貼ろう
円を3つに区切り、黄・赤・緑に色分けし、それぞれにあてはまる食品のイラストを描いた三色食品群の表を作ります。保育室などに貼って、子どもたちが関心を持てるようにしていきます。

箸、スプーン、フォークを使い分ける

●食具を子どもに選ばせる
スプーン、フォークを使って上手にものを食べられるようになり、箸の使い方にも慣れてくる頃です。食事のときには、スプーン、フォーク、箸を用意し、食べものによって何を使えば食べやすいのか、子どもに選ばせるようにします。カレーや汁物などはスプーン、麺類、肉・魚などはフォーク、野菜の煮びたし、煮物などは箸が適しています。選ぶ食具によって、子どもの洞察力の発達もわかります。

■食具の使い分け

スプーン オムライス、カレーなどのご飯や汁物などに使う。

はし 豆類、野菜の煮びたし、煮物などの和食に使う。

フォーク スパゲティ、焼きそばなどの麺類や肉・魚などに使う。

苦手な食べものを楽しく食べる

●苦手な食べものも食べる

苦手な食べものを食べようとしている努力を認めましょう。「がんばって食べたね。えらいね」とくり返し伝えます。友だちに認められることが嬉しい時期なので、「すごい。××くんがピーマン食べたよ」といった**友だちの言葉にはげまされて食べられる**ようになることもあります。引き続き、子ども同士が楽しく食べられる雰囲気づくりも進めていきましょう。

●育てた野菜を食べる

園庭や屋上、ベランダなどで子どもたちが野菜を栽培し、育てた野菜を調理してもらう機会をつくりましょう。食材への関心が深まります。

> **環境構成のポイント**
>
> **植木鉢を手作りする**
> 野菜を育てるときは、手作りの植木鉢で。牛乳パックやペットボトルの上半分を切り、底に穴を開けて、植木鉢を手作りしましょう。手を切らないようにペットボトルの縁にはテープを貼りましょう。

クッキング保育

●調理の過程を知る

食事の配膳や片づけなど、お手伝いができるようになったら、**クッキング保育**を行ってみます。食材がテーブルに上がるまでに、人の手によって変化していく様子を理解し、下準備、味付け、調理の過程などを知っていきます。

自分や友だちのために準備から調理までの作業に関わることで**達成感**が得られ、**食べる喜び**につながります。

子どもが挑戦しやすいのは、目玉焼き、ホットケーキ、お好み焼きなどです。ホットプレートなどの熱を発する調理器具を使うときは、やけどに十分注意します。

> **援助のポイント**
>
> ☐ エプロン、三角巾、マスクを用意。調理前に手洗いをすませ、衛生面に配慮する。
> ☐ ホットプレートやフライパン、IH調理器などを使うときは、熱でやけどをしないように、そばで注意深く見守る。
> ☐ 調味料の種類や適切な使用量を知らせる。

[生活習慣] **4歳の 排せつ**

排せつはほぼ自立し、自主的にトイレに行くようになりますが、間に合わないこともあるので、活動の節目で声かけが必要です。

排せつがほぼ自立する

●自分から進んでトイレに行く

4歳になると、排せつはほぼ自立します。散歩や外遊びの前や、尿意を感じたときには、**自分から進んでトイレに行く**ようになります。

男の子は、ズボンとパンツをはいたまま排尿ができ、女の子も一人で排尿後に紙で拭くことができるようになります。

排せつ後の身支度も、保育者の介助なしにできるようになり、指示されなくても手洗いをするようになります。

■男女別の便器の使い方

男の子
①便器に向かって立ち、軽く足を広げる。
②ズボンとパンツを下ろし、腰を突き出す。

女の子
①便器に対して後ろ向きに立ち、パンツを下げる。
②便座に深く腰かける。

必要に応じて援助を

●活動前にトイレに行く習慣づけ

引き続き、活動の前にはトイレに行く習慣をつけるため、散歩や外遊びの前には「トイレに行っておこう」と声をかけます。

室内のときは、遊びに夢中になって漏らしてしまうことがないように、トイレサインを見逃さず、いつでもトイレに行ってよいことを知らせます。

排便の場合は、拭き取りなどがきちんとできているかどうか確認しましょう。

●間に合わなかったときの対応

遊びに夢中になってトイレに間に合わなかったときは、**ほかの子どもに気づかれないように**トイレに誘導し、汚れた下着などを始末します。

新しい環境へのプレッシャーや友だち関係の不安などで、急におもらしをするようになった子どもがいたら、生活の様子を注意深く観察することも必要です。

■トイレサインを見逃さない

「トイレに行く?」

これは NG!

子どものプライドを傷つけない
おもらしをしてしまったときは、「あー、出ちゃった?」など、その場で指摘しないように配慮します。排せつに関わる恥ずかしい思いがきっかけで園に行きたがらなくなることもあるので注意します。

4歳の睡眠

体力がつく時期ですが、自意識や自制心の高まりで、疲れやすくなっています。睡眠リズムを整えられるように保護者と連携します。

睡眠リズムを整える

●早寝早起きで生活リズムをつくる

4歳児の1日の睡眠時間の目安は10～13時間です。園で午睡をするからといっても、夜間の睡眠が8時間では少ないといえます。

体や脳の発達、疲労回復には、夜間の睡眠時間が大切です。この時期は、自意識や自制心の高まりで、精神的に疲れるもの。十分な休息が必要です。

できれば**夜9時までには就寝**したいものです。睡眠時間が少ないと、生体リズムに影響し、朝の機嫌が悪い、ぼんやりして午前中に活動的になれないなど、生活に支障をきたします。

お迎えが遅い家庭では就寝時間も遅くなりがちですが、早寝早起きができるように保護者とも連携していきましょう。

保護者との連携

早起きから始めてもらう

早寝早起きをするには、早起きから始めるのがよいでしょう。毎朝、決まった時間に起こすように保護者に伝えましょう。早起きをすれば朝食もしっかりとれ、夜も早く眠くなります。

午睡に必要な行動がとれる

●午睡の準備、後片づけをする

着脱の自立が進むので、午睡時にもパジャマなどへの**着替えが自主的にできる**ようになります。また、ふとんを敷く、たたむといった準備や後片付けも手伝えるようになります。

●午睡しない子への対応

預かり保育やお迎えが早いなど、午睡をしない子どもは、休息スペースで絵本を見たり、お絵かきや工作をするなど**静かな時間を過ごす**ようにします。眠っている友だちがいるので大きな声を出したり物音を立てたり、騒がしくしないように伝えます。

環境構成のポイント

休息スペースの工夫

休息スペースは午睡スペースと区別します。カーテンで直射日光を防ぎ、やわらかな光が入るようにします。床にはマットを敷き、絵本や図鑑を用意。お絵かき、工作用のテーブルも置きます。静かな音楽を流してもよいでしょう。

4歳の 着脱

裏返った衣服を表に返したり、ボタンの留め外しができるようになります。着脱の自立は、子どもの自信とやる気につながります。

ボタンの留め外しができる

● **自分で「暑い」「寒い」がわかる**
気温の変化に応じて、**「暑い」「寒い」という感覚がわかる**ようになり、自分から衣服を着たり脱いだりするようになります。

● **ボタンの留め外しがスムーズにできる**
上着などの**ボタンが一人で留め外しできるよう**になります。保育者は、留め終わったときに、ボタンをかけ違えていないか、鏡の前で一緒に確認します。子どもに扱いやすいボタンは、直径2cm以上、厚さ3～4mm、真ん中にへこみがあるものです。保護者にも伝えましょう。

■ ボタンを留める

①ボタンは側面が見えるように持ち、ボタンホールに親指をあてる。

②ボタンの側面をボタンホールに押し込んで、くぐらせる。

③ボタンホールから出てきたボタンを指先でつまんで、引き出す。

身だしなみを整える

● **鏡の前で身だしなみを確認**
自分で着替えたときに、おかしいところがあったら、それに気がつけるようになります。着替えが終わったら鏡の前に立たせ、きちんと着られたかどうか、**身だしなみに目を向ける**ようにします。

● **裏返しの衣服を表に返す**
衣服を自分で脱いだときに、Tシャツやセーターが裏返しになってしまったときは、「あれ？」「何か変じゃない？」などと声をかけて、自分から気づけるようにします。そして、子どもには**自分で表に返す**ように伝えましょう。
また、脱いだ衣服をかごなどにしまうときは、下からズボン、シャツ、肌着の順に重ねておくと、着るときに着やすいことを伝えます。

■ 裏返しの衣服を表に返す

Tシャツ・セーター
裾から両腕を入れて袖に通し、袖口を握ったら、手前に引き抜く。

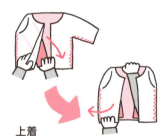

上着
裾から手を入れて、袖を片方ずつ引っぱり、最後に襟元をつかんで表に返す。

> **言葉かけのヒント**
> **「着やすいように表に」を習慣づけ**
> 脱いだ衣服を裏返しのままにしておかないように、「次に着るとき、着やすいように表にしておこうね」と言葉をかけましょう。くり返し伝えて、表に返す習慣がつくようにします。

4歳の 清潔

衣服が汚れたら自分から進んで着替えたり、食後に歯みがきをするなど、清潔の習慣が身についてきます。

身辺の清潔を習慣づける

●衣服が汚れたら進んで着替える

4歳では、トイレや外遊びの後、食事の前などには自分から進んで手を洗う姿が見られるようになります。さらに、清潔の習慣をつけるために、**汚れた衣服を自分から着替える**ようにします。

そのためには、着替えは置き場所を決め、一人で取り出しやすいようにしておきます。

●身だしなみを確かめる

トイレの後など、ズボンから肌着がはみ出ていることもあるので、身だしなみを保育者が確認します。「肌着をしまおうね」とこまめに声をかけることで、身だしなみに意識が向くようになります。

●鼻水を一人でかめるようにする

鼻水が出ると、保育者に「鼻が出た」と伝えてくる子どもには、一人でかめるように伝えていきましょう。ティッシュを子どもが手の届く位置に何か所か備えつけておくようにします。

> **言葉かけ のヒント**
> **清潔が気持ちのよいことだと知らせる**
> 汚れた衣服を着替えようとしていたら、その姿を見守り、一人でできたときは、「きれいになったね」「気持ちがいいね」と認め、清潔になったことの気持ちよさを伝えていきます。鼻水をかんだときも同様に接します。

せきエチケットを身につける

●ティッシュで口をおさえる

せきやくしゃみをするときは、飛沫が友だちにかからないように、**ティッシュで口をおさえる**など、「せきエチケット」を伝えていきます。使ったティッシュはすぐにごみ箱へ捨てます。

素手で口をおさえると、手についた飛沫がおもちゃなどについてしまいます。インフルエンザなどが流行する時期は、そのおもちゃがウイルスを媒介して、感染が拡大する原因になります。

感染症予防のためにも、一人一人が「せきエチケット」を守ることが大切だと伝えましょう。

> **保護者との連携**
> **ハンカチ、ティッシュを各自で携帯**
> 多くの園では各自のハンドタオルをフックなどにかけて使用していますが、清潔の習慣を身につけるために、この時期から、ハンカチ、ティッシュを携帯するようにします。保護者に用意してもらいましょう。

[生活習慣]

歯みがきで虫歯予防

● **歯みがきで虫歯と歯周病を予防**

4歳になると、**虫歯予防のためにも歯みがき**がより重要になってきます。最近では子どもの歯周病も増えているので、歯みがきでしっかりプラーク（歯垢）を落とします。

上側の左奥歯〜前歯〜右奥歯、下側の右奥歯〜前歯〜左奥歯と順番を決めてみがくと、みがき忘れがありません。

■ 歯のみがき方

●奥歯の溝
歯ブラシの先端を使ってみがく。

●歯と歯茎のあいだ
歯ブラシを下斜め45度の角度にあてて、細かく動かす。

●奥歯の内側
歯ブラシのサイドを使ってみがく。

■ 歯ブラシの持ち方

えんぴつを持つように歯ブラシを持つ。
力を入れず、細かく歯ブラシを動かしていく。

●前歯の表面
歯ブラシを縦にして上下に動かす。

●前歯の曲面
前歯の左右の曲面は先端を使ってみがく。

仲間と協力して片づけ、掃除

● **目的意識を持って片づける**

4歳になると、片づけが上手になってきます。**グループごとに何を片づけるか**を決めて、目的意識を持って行動できるようにしていきます。また、自分が遊んだおもちゃだけでなく、仲間と協力して、大型積み木など園で共有する道具の片づけもできるようになります。

● **みんなが使う場所を掃除する**

掃除もできるようになります。遊戯室や園庭など、みんなが使う場所を掃除して、人の役に立つ喜び、きれいになる気持ちのよさを共有します。

■ 道具の準備

子どもが扱いやすい大きさのほうき、ちりとりなどを保育室、園庭などの取り出しやすい場所に用意する。

環境構成のポイント

道具を準備する
保育室、遊戯室、園庭など、それぞれの場所にほうき、ちりとり、ぞうきんなどの掃除の道具を取り出しやすい位置に用意します。ほうき、ちりとりは、子どもが扱いやすい大きさがよいでしょう。

5歳の発達

- 5歳の発達のようす ……………………… 168
- 5歳の生活習慣 …………………………… 178

5歳 の発達のようす

5歳の からだ の発達

発達の目安
- ☐ 全身の運動機能が大人に近づく
- ☐ 平衡感覚、持久力などが発達する
- ☐ 手指の器用さが増して、細かい作業が可能になる

全身の運動機能が大人に近づいてくる

●体の発育
5歳頃には、体重15～19kg、身長104～111cm程度になります。5歳後半にははじめての永久歯が生える子どもが現れます。成長ホルモンの分泌が進み、体型が6頭身になっていきます。

●きれいなフォームで全速力で走れる
全身の**運動機能が成熟期**を迎え、大人に近づいてきます。**走るフォームに安定感が出て、全速力で走れる**ようになります。

目を開けた状態での片足立ちは10秒くらい、かかと歩きやつま先歩きは5秒以上できるようになります。スキップも上達してきます。

●平衡感覚の発達で竹馬などが上達
平衡感覚の発達も進み、体の右側、左側の感覚がわかるようになり、手と全身が協応する運動も上手になってきます。たとえば、**竹馬、なわとび、鉄棒の逆上がり**などです。**一輪車を上手に乗りこなす**姿も見られるようになります。

また、**冒険的な遊びを好む**ようになり、ブランコの立ちこぎをしたり、ジャングルジムの頂上まで登ったり、三輪車を全力でこいでスピードを楽しんだりします。

■ なわとび

手と全身の協応が発達して、なわとびが上手に跳べるようになる。ほかに、鉄棒で逆上がりをしたり、竹馬なども上手になってくる。

■ 鉄棒・すべり台でアスレチック

遊具にロープをつないでアスレチック風にアレンジ。全身を使って、遊びが楽しめる。遊び慣れた遊具でも、新鮮な楽しさが味わえる。

> 全身の運動機能が大人に近づき、全速力で走ったり、鉄棒や竹馬なども上手にできるようになります。また、ひもが結べるようになるなど生活に必要な動作を獲得していきます。友だちと集団で何かを達成することに喜びを感じるようになります。

集中力、持久力も育つ時期なので、遊具にロープを渡してアスレチック風にするなど、「やってみたい！」とチャレンジ精神を呼び起こすような環境をつくってみるのもよいでしょう。

● ボールを使ったチーム運動も可能に

目と手足の協応も進み、ボールを力いっぱい投げる、思い切り蹴る、といったことができるようになります。また、相手と1.5ｍ程度の距離があっても、小さなボールを投げたり受け取ったりすることが可能になります。

簡単なルールが理解できるようになるので、サッカーやドッジボールなど、チームを組んで行う運動も楽しめるようになってきます。

手指の器用さが増して細かい作業が可能になってくる

● 手指の細かい動きが発達

手先がますます器用になって、細かい作業が楽しくなってきます。えんぴつ、クレヨンが上手に使えるようになったり、ピンセットで細かいものがつまめるようになります。また、ぞうきんを絞ったり、のこぎりや金づちといった道具も使いこなせるようになってきます。ひもで**かた結び、蝶結び**もできるようになります。

● 絵画表現も多彩に

「斜め」という概念を理解して三角形を描いたり、大中小の丸が描き分けられるようになります。

お絵かきでは基底線が生まれ、画面を3分割して、下部には地面、上部には空・太陽、その中間には人や車を描くようになります。さらに、**人物を前向き、後ろ向き、横向きで描ける**ようになり、表現の幅がぐっと広がってきます。

「道」を理解するようになることで、紙に道順を描くこともできるようになります。はじめは複数枚の紙をつなぎ合わせる必要がありますが、そのうち1枚の紙に描けるようになってきます。

■ 人物を前向き、後ろ向き、横向きで描ける

人物を前向き、後ろ向き、横向きで描けるようになり、表現の幅が広がる。多面的なものの見方は、人との関わりでも発揮されるようになる。

Q&A こんなときは？

Q. 外遊びは大好きですが、絵を描くことには興味を示さない男の子がいます

A. 絵を描く楽しさを伝えていきましょう

画用紙にクレヨンで丸、三角、四角、線など好きなかたちを描かせ、描く楽しさを体感させてみましょう。そうすれば、絵で自分を表現することも楽しくなってくるはずです。描いたものには、「空がきれいな色だね」「車がかっこいいね」など、絵の表現を認める言葉かけをしていきます。

5歳

5歳 の発達のようす

5歳の こころ の発達

発達の目安
- ☐ 見通す力で段取りを考えられるようになる
- ☐ 対比する力で、過去と現在の自分を比較できる
- ☐ 自分で物事を判断し、行動できる

段取りを考えられ、大人の指示がなくても動ける

●**見通す力で段取りを考えられる**

5歳児の特徴は、生活に見通しを持って行動できるようになることです。3歳頃から「見通す力」はついてきますが、5歳ではそれに加えて**段取りを考える力**が育ってきます。これから起きることについて、「何を準備したらいいのか」「どういう手順で行えばいいのか」を考えられるようになってきます。未来＝結果からさかのぼって、イメージする力がついてきた証しともいえます。

予測しながら行動できるようになることで、日常生活において、**大人の指示がなくても、自分で身のまわりのことができる**ようになってきます。

一日の活動予定を子どもでも読めるように、ひらがなとイラストで書き込んで部屋に掲示しておくと、これからの活動の前に何をすべきか、見通しを持って行動できるようになるでしょう。

●**過去と現在をつなげて考えられる**

対比する能力が育ち、時間の概念がより明確になることで、「昨日は本を半分しか読めなかったけど、今日はぜんぶ読めた」「去年は泳げなかったけど、今年は泳げるようになった」など、**過去の自分と現在の自分をつなげて考えられる**ようになります。成

■ 見通しを持って生活できる

見通す力で段取りが考えられるようになる。一日の予定をひらがなとイラストで書き、壁に貼っておけば、指示がなくても見通しを持って行動できるように。

■ 難易度を高める

少しむずかしい課題に挑戦できるのが5歳児。ある段階をクリアすると、もう少し上のレベルにも挑戦したくなる。竹馬も高くして乗ろうとする姿が見られる。

長を実感できるため、自分に自信を持つようになります。

また、友だちと比べて、自分はできていないと感じることで自信をなくしても、過去の自分と対比することによって、「去年はできないと泣いていたけど、今年は最後までがんばれた」などと考え、自信を取り戻せるようになります。

> **勝ち負けを競う遊びが楽しくなってくる**

●難易度を高めてチャレンジ

目の前の課題に対して、ある段階をクリアすると、「もっと××したい」という気持ちが生まれ、**難易度を高めて挑戦**しようとする姿が見られるようになります。

たとえば、ボール投げなら、もっと遠くへ投げようとし、ごっこ遊びなら、もっと本物らしく再現しようとします。少しむずかしい活動が子どもたちの自信を深めていきます。

●苦手なことにも取り組む

むずかしいことに挑戦したい気持ちから、**苦手なことにもがんばって取り組む**ようになります。保育者は必要な手助けをしながら、自信をつけられるようにバックアップしていきます。

●勝負のつく遊びが楽しい

4歳頃から競争意識がめばえてきますが、5歳になると、**勝ち負けを競う遊び**を好むようになってきます。鬼ごっこやドッジボールなどで、「勝つか負けるか」「最後まで勝ち残れるか」といった**ドキドキ感を楽しむ**ようになります。

ときには、勝つことにこだわり過ぎて、ズルをする子どもが現れ、トラブルが起きることもあります。しかし、そうした葛藤を通して、ルールを守りながら友だちと協力し合って勝ったほうが、誇らしい気持ちになれることがわかってきます。また、**仲良く遊ぶためにも、ルールを守ることが大切**だと気づいていきます。

■ 勝負のつく遊び

勝ち負けを競う遊びが楽しくなる。鬼ごっこやドッジボールなどはルールも簡単で、ドキドキ感を楽しめることから好んで遊ぶようになる。

Q&A こんなときは？

Q. 友だち同士でふざけ合って、注意しても聞いてくれません

A. 保育者の注意を引きたいのです

保育者の気を引きたいという甘えの行動でしょう。いつも注意や指示、命令ばかりで、自分たちは信頼されていない、甘えたいけど甘えられない、という思いが背後にあるのかもしれません。そういう子どもたちには温かく接し、話に耳を傾け、自分が受け入れられていると実感が持てるようにすると、集中力を持って物事に取り組めるようになります。

5歳 の発達のようす

保育者は、勝ち負けよりも、がんばった努力を認めながら、負けたほうには、**「自分たちには何が足りなかったのか」「どうすれば勝てたのか」を考えさせる**ようにします。それによって「結果」を冷静に受け止められる力がついてきます。

●生活の中のルールを守る

遊びを通してルールの大切さを理解した子どもは、生活の中のルールや約束も、守らなければいけないものだと理解するようになります。そして、**当番活動や係活動にも責任を持って取り組める**ようになります。

●道徳に敏感になる

その一方で、**道徳的な正しさに敏感**になってきます。順番を守らないなどルールを破る友だちに対して、「ずるい！」「いけないんだ！」と非難する姿が見られるようになります。それはルールを必死で守ろうとする気持ちの裏返しともいえます。

厳しい目は大人にも向けられ、信号無視をした大人に怒ったりします。この時期には、自分たちで自主的にルールをつくり、それを守ろうとする姿勢が見られるようになるため、**大人も子どもとの約束はきちんと守る**ことが大切です。

自分で考え、判断して、行動できるようになる

●自分で判断して行動する

思考力が高まり、**自分なりに考え、物事を判断し、行動する**ようになってきます。これまでは、大人の指示に従ってきましたが、納得できないことには、**「なんで？」と反発する**姿も見られるようになります。しかし、その活動の大切さ、価値を説明されて納得できれば、一生懸命に取り組むようになります。

また、「××してはいけない」と禁止されたことでも、「少しくらいやっても大丈夫だろう」と考え、行動に移してしまうこともあります。指示を守らないことは注意しなければなりませんが、自分の判断で行動できるようになった証しでもあります。

■ 当番活動に取り組む

当番活動や係活動に責任を持って取り組むようになる。自分たちの生活に必要なルールを自主的に決めさせるとよい。

■ 自分で考えて行動する

思考力が高まり、自分なりに考えて行動するようになる。納得できない指示には、「なんで？」などと反発することもある。

> お手伝いに責任を持ち、
> 年下の子の世話が上手になってくる

●人の役に立つことに誇りを感じる

お手伝いへの興味・関心は2歳頃からめばえ、3歳頃には、ものの持ち運びや手渡しなど、簡単なお手伝いをするようになります。5歳になると、**頼まれたことは「自分がやるべきこと」と理解**し、指示がなくても継続してできるようになります。

保育者は、食事の準備、後片づけ、掃除など、それぞれ役割を決めて、責任を持ってお手伝いができるようにしていきます。その様子を見守りながら、「ありがとう」と感謝の気持ちを伝えるようにすることで、子どもたちは**「人の役に立っている」という誇りを持てる**ようになります。家庭でも、ごみ出し、植物への水やり、ペットの世話など、何かひとつ仕事を決めて、家族の役に立つ誇り、嬉しさを体験できる機会をつくってもらうように伝えましょう。

●年下の子への思いやりを示す

園の最年長児として、年下の子を気づかい、思いやる気持ちが育ってきます。自分から進んで年下の子を援助したり、親切にすることを好む姿も見られ、相手が手助けをいやがれば、その様子を察して、手を引っ込める配慮もできるようになります。

> 物事の因果関係や過去―現在―
> 未来の時間の感覚がわかる

●物語や自然科学に関心が向く

物事の因果関係や、過去―現在―未来の時間の感覚がわかるようになることで、**筋道立った物語に興味を持つ**ようになります。読み聞かせでも、絵が少なく、文字量の多い本が楽しめるようになります。自然科学などへの関心が高くなり、そのメカニズムを知りたがるようになります。その好奇心を満たすために、天体や動植物などの図鑑を子どもがすぐに手に取れる場所に用意しておきましょう。

■ 責任を持ってお手伝いをする

お手伝いを「自分の仕事」として、責任と誇りを持ってやるようになる。また、これまでと違い、指示がなくても継続してできるようになる。

Q&A こんなときは？

Q. ルールが理解できないのか、鬼ごっこでタッチされても逃げ続け、指摘されると泣きます

A. ていねいにルールを説明しましょう

遊ぶ前に、「タッチされたら、逃げるの？　鬼になるの？」など、ルールを本人やほかの子どもに確かめます。ルールに沿って遊べるようになるまで、くり返し聞きましょう。

また、ルールはわかっているけど負けるのがくやしくて泣いているなら、泣いたら遊びからはずれてもらうのもよいでしょう。「泣かずにがんばったら勝てるかも」など、乗り越えるための課題を示し、時間をあたえるのです。

5歳の発達のようす

5歳の ことば の発達

発達の目安
- ☐ 自分の考えや経験を話せる
- ☐ 助詞が正しく使えるようになる
- ☐ 文字に興味を持ち始める

自分の考えや経験をほぼ自由に話せるようになる

●**自分の考えや経験を話せる**

語彙数は2,000語程度になり、その60％が名詞、15％が動詞といわれています。大人との会話や、テレビや音楽を通して覚えた言葉をどんどん吸収して、必要に応じて使えるようになっていきます。

自分の考えや経験したことをほぼ自由に話せるようになり、発音もはっきりしてきます。赤ちゃん言葉をほとんど使わなくなります。

見通す力や、時間の概念が発達することで、「去年の運動会では玉入れをしたけど、今年はダンスをする」など、**未来に期待を持って話をする**ようになります。

●**相手の話を聞く力が育つ**

話し言葉がある程度完成して、就学後に必要な書き言葉の世界へつながる移行期でもあります。この時期には、**言葉を使って考える**ようになっており、それは自分なりの考えを持つようになっていることも意味しています。週末に何をしたかなど、自分の経験をみんなの前で発表して聞き合う機会をつくったりして、言語力を高める工夫をしていきましょう。

相手の話を聞く力がつくことで、その内容もきちんと理解できるようになり、質問に対して的確に答

■ 経験をみんなの前で発表する

自分の経験を人前で話すことで、言語力が高まる。また、話し手以外の子どもたちは、経験談に耳を傾けることで人の話を聞く力が養われる。

■ 理由が言える

いちごはあまいからすき

自分の好きなものに「〜だから好き」と理由が言えるようになる。友だちには「今日は晴れだから外で遊ぼう」など、理由を添えて提案できる。

えられるようになります。

● **助詞が正しく使えるようになる**

物事の相互関係がわかるようになることで、「を」「に」などの**助詞が正しく使える**ようになります。

また、接続詞を使った複文が増え、「パパと動物園に行ったから、パンダを見られたの」など、一つの文が平均5語になってきます。

● **「一番××なことは？」に答えられる**

さまざまな経験を積むことで、「一番嬉しいことは？」といった質問に対して、経験をもとにして、「一番嬉しいのは友だちと遊ぶとき」などと答えられるようになります。

また、**「一番」というものに強い関心**を持ちます。「一番好きな人」「一番好きな食べもの」などに、「～だから好き」と、**それを選んだ理由も説明**できるようになります。

● **提案は理由を添えて言える**

さらに、友だちと何かを決めるときには、「～だから～しよう」と、**理由を添えて提案**できるようになります。そのほうが提案を受け入れてもらえる可能性が高くなるため、話し合いの場で自分の意見を言うときには、理由を添えて発言するように伝えましょう。

> **文字に興味が出て、ひらがなの読み書きができる子も**

● **言葉遊びを楽しむようになる**

文字にも興味が出てきます。ひらがなの読み書きができるようになって、自分の名前を読んだり書いたりする子どもが現れます。

言葉のしくみに気づき始め、**しりとり、逆さ言葉、なぞなぞ**など、言葉を使った遊びができるようになります。たとえば、「白いものは？」と保育者が質問して、子どもが白いものを順々に答えていく「言葉集め」や、提示したカードの反対語をあてる「反対語遊び」などで言葉や文字への関心を高めていきましょう。

■ **言葉集め**

文字に興味を持ち、言葉のしくみを理解し始めることで、しりとり・なぞなぞ・言葉集めといった言葉遊びを好むようになる。

Q&A こんなときは？

Q. 無口で友だちとほとんど会話をしない子どもにはどう対応したらよいでしょうか？

A. なぜ口数が少ないのか、まずは観察してみましょう

短い時間でよいので、毎日やさしく話しかけ、保育者や友だちといることに楽しさを感じられるような配慮をしていきます。少しでも話が聞けたら、「今日は××ちゃんと話ができてよかった」とさりげなく伝えます。家庭ではよく話すのに、園では口をきかないようであれば、場面緘黙（かんもく）という可能性もあり、専門家との連携が必要です。

5歳

5歳の発達のようす

5歳の人とのかかわりの発達

発達の目安
- ☐ 友だちと認め合う関係がきずけるようになる
- ☐ 自分も他者も多面的に見られるようになる
- ☐ トラブルを話し合いで解決できるようになる

目標の共有で、集団と個人の成長が促される

●集団での達成感が個人の成長につながる

5歳では、**集団で何かを達成**しようとする姿が見られるようになります。

たとえば、運動会でダンスを踊るときに、「最後まできれいに踊る」などの目標を共有し、できない子どもにはできる子どもが教え、やりたくない友だちをはげましたりしながら、問題を乗り越え、やりとげようとします。

集団で何かを達成する経験は、子ども同士の関係を深め、子どもたちを**集団として、個人として成長**させていきます。さらに、身近な大人や友だちから「すごい」「かっこいい」と認められることは、大きな喜びです。また新しいことにチャレンジしたい、という意欲を育みます。

5歳児にとって、**友だちの存在は大きく**、とりわけ友だちに認められることが自信につながっていきます。

●多面的な見方で友だちを認める

たとえば人物を描くときに、正面だけでなく、後ろ向きや横向きを描けるように、**物事を多面的に見られる**ようになります。それは人との関わりでも発揮されます。

■集団での課題の達成が個人の成長に

少しむずかしい課題に取り組み、集団でそれを達成する経験が、子ども同士の関係を深めて、集団および個人を成長させていく。

■友だちの行動を報告にくる

友だちの「いけない行動」を保育者にひんぱんに報告にくる子どもは、背後に「自分が認められたい」という強い思いがあることも。

これまでは、列に割り込んできた子どもがいたりすると、「××ちゃんはずるい」「嫌い。もう遊ばない」など、その一面だけで決めつけることがありました。しかし、5歳になると、「でも、この前は本をゆずってくれた」「やさしいときもある」など、**いろいろな面から人を理解し、認める**ようになってきます。さらに、自分もそういうふうに認めてもらうことで、他者と認め合う関係をきずいていきます。

　また、「苦手なこともあるけど、得意なこともある」と、多面的な見方が自分にも向けられたとき、自己肯定感も生まれてきます。

●友だちを批判することもある

　一方、道徳に敏感になるため、**ルールを守らない友だちを批判する**こともあります。そして、友だちの「いけない行動」を保育者に報告にくる子どもが現れます。その回数が多いときや事実ではないときには、背後に**「自分が認められたい」**という強い思いがあることもあります。その場合、行動を見守りながら、その子の得意なところやがんばっているところを探して、「××ちゃん、がんばっているね」など、認める言葉かけをしていきます。

話し合いで問題解決ができるようになる

●話し合いで「どうしたらいいか」考えられる

　この時期には、自分なりの考えを持って発言したり、自分とは違う友だちの考えを認められるようになります。目標を達成したいときやトラブルが起きたときには、**話し合いで解決できる**ようになります。

　しかし、子どもたちだけにまかせると、多数派の意見に流されたり、トラブルを起こした子どもを非難するだけで終わってしまうこともあります。

　保育者は仲立ちとなって、自分の思いを伝えるとともに、少数意見であっても、相手の話も尊重することが大切だと伝えます。そして、問題解決には、どうしたらいいのかを一緒に考え、結論を導き出す手助けをします。

■話し合いで解決できる

自分の考えを発言したり、友だちの考えを認められるようになると、トラブルが起きたときや、達成したい目標があるときに、話し合いで解決できる。

Q&A こんなときは?

Q. 友だちの輪に入れない子どもの指導方法を教えて下さい

A. まず保育者がその子の気持ちに共感することが大事です

友だちが集団で遊んでいる姿を目で追って、ときおり楽しそうな表情を見せるなら、心では一緒に遊んでいるけれど、仲間に入るきっかけがつかめないのかもしれません。保育者が「みんな楽しそうだね」と共感の言葉かけをしましょう。共感してもらえたことで、保育者の誘いで仲間に入れるようになり、そのうち自分から輪に入れるようになるはずです。

[生活習慣] **5歳の** 食事

食事と健康の関係について、さらに一歩進んだ理解のために、三大栄養素について伝えていきましょう。

食事と健康について理解を深める

●**食べものが体をつくることを理解する**

食べものの栄養が体をつくることがわかるようになってきます。食事と健康について絵本を読んだり、栄養士の話を聞いたりして理解を深めていきます。子どもの成長には、**いろいろな栄養をまんべんなくとる**ことが大切で、それによって体が丈夫になり、元気に遊べることを伝えていきます。

食事前にお菓子を食べ過ぎると、食事が食べられなくなってしまうので、家庭でのおやつの食べ方にも注意を促します。また、苦手な食べものでも食べる努力をしている子どもには、「えらいね」と認める言葉かけをしていきます。

🏠 **保護者との連携**

食事に集中できる環境を

おしゃべりが多かったり、食べる意欲のとぼしい子どもは、食事に集中できないことが多いです。食事中はテレビを消して、食べることに集中できる環境をつくるように保護者にも伝えましょう。

栄養素についてもっと知る

●**三大栄養素を覚える**

三大栄養素の「**糖質（炭水化物）、タンパク質、脂質**」を知らせていきましょう。ご飯やパン、麺類といった主食は糖質で、体を動かすエネルギーになる。肉・魚・卵などのおかずはタンパク質で、血や筋肉をつくる、などと伝えることで、まんべんなく食べることの大切さがわかり、食べることに意欲的になります。

環境構成のポイント

楽しみながら栄養素を覚える

糖質・タンパク質・脂質の三大栄養素の表を作り、保育室に掲示します。食品のイラストをテープで貼れるようにして、どの食品がどの栄養素か、楽しんで覚えられるようにします。

脂質
バター、油、ナッツ類、肉の脂身は脂質。熱源や栄養素を体に運び調整する。

タンパク質
肉・魚・卵・豆類はタンパク質。血や肉のもとになる。

糖質（炭水化物）
ご飯・パン・麺類・イモ類、砂糖は糖質。体を動かすエネルギーになる。

箸を使いこなす

●箸を美しく使う

5歳になると、豆をつまんだり、魚をほぐしたり、卵焼きをはさんだりと、**箸の使い方もだいぶ上達**してきます。ひと口分の適量がわかり、おかずをひと口大に切り分けながら、マナーに沿った食べ方もできるようになります。

箸を使いこなすには、個人差がありますが、手、指、腕の筋肉の発達が不可欠です。箸は日本の文化。箸を美しく使いこなせれば、もっとおいしく食べられることを伝えていきます。

> **これはNG!**
> **行儀が悪い箸の使い方はしない**
> イモ類などに箸を突き刺す「刺し箸」、箸の先端についたご飯粒などをなめる「ねぶり箸」、そして食べものを箸から箸へ渡す「箸渡し」は行儀が悪いとされています。それらをしないように伝えます。

■マナー違反の箸の使い方
①刺し箸　②ねぶり箸　③箸渡し

クッキングで食体験

●作ることで感謝の気持ちを育む

食べる喜びがわかり、食事と健康の関係を理解すると、**クッキングに興味を持つ**ようになります。包丁、皮むき器（ピーラー）、スライサーなどを使って、クッキングを体験しましょう。ホットプレートやIH調理器など、熱を発する調理器具を使うときは、保育者が必ず付き添うなど、安全に配慮します。クッキング体験は、日ごろから食事を作ってくれる調理者への感謝の気持ちを育みます。

> **役立つ！ひとくふう**
> **包丁の使い方を教える**
> 包丁は右手で柄を握り、まな板に対して刃を直角に立てます。左手は猫の手のように丸くして、食材を軽くおさえます。包丁で切るときは、手前に引くように動かします。

> **環境構成のポイント**
> **動線を考えて環境を構成をする**
> 野菜を洗う、ピーラーなどで皮をむく、包丁で切るなど、子どもを役割ごとに配置しましょう。調理の手順や、作業の同時進行を考慮し、子どもが効率よく動ける動線を考えます。

[生活習慣] **5歳の 排せつ**

活動の途中でも自主的にトイレに行くようになります。トイレのマナーが習慣化するように、くり返し伝えていきます。

排せつの自立がほぼ完了

●自主的にトイレに行く

排せつの自立がほぼ完了します。排尿や排便の後始末も一人でできるようになります。

外遊びや散歩の前などにはトイレをすませる習慣がつくように、「トイレに行ったかな？」と声をかけます。

活動の途中でも尿意を感じたら、トイレに行ってよいことをくり返し伝えることで、自主的に行くようになります。

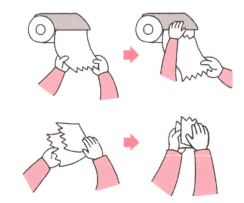

役立つ！ひとくふう
トイレットペーパーの使い方
トイレットペーパーを右手と左手で交互に引き、適当な長さで切ります。ホルダーをおさえ、斜め上に引っぱると切りやすいです。壁にキリンなどのイラストを貼り、イラストが隠れる長さを引き出す目安にするとよいでしょう。トイレットペーパーは半分にたたみ、もう一度半分にたたんで使います。

トイレのマナーを守る

●トイレを気持ちよく使う

5歳になると、他者への配慮ができるようになるので、個室トイレに入る前にはドアをノックする、使った後に汚れていないか振り返るなど、トイレを使うときのマナーも伝えていきます。

子どもたち同士で話し合うのもよいでしょう。どのような行為が迷惑か、どのような態度であれば受け入れられるか、マナーを守る大切さを共有していきます。

・トイレのマナー・
- ☐ 個室トイレに入るときは、ドアをノックする。
- ☐ トイレのドアは閉めて用を足す。
- ☐ 排せつ後は水を流す。
- ☐ 床や便器を汚してしまったときは、保育者に伝える。
- ☐ トイレの履き物は、次の人が使いやすいようにそろえて脱ぐ。
- ☐ 排せつ後は手を洗う。

5歳の睡眠

午睡の必要のない子どもが増えてきますが、休息コーナーで、静かに過ごすようにします。睡眠の役割についても伝えていきます。

午睡の必要のない子どもが増える

●午睡をしない子どもが増える
5歳児の1日の睡眠時間の目安は10～13時間です。**5歳では午睡が必要のない子どもが増えてきます。**部屋の一角に畳、マットなどを敷き、休息用のコーナーを設けます。窓は直射日光をさえぎり、やわらかな明るさにします。工作やお絵かきをしたり、図鑑や絵本を見るなど、静かな活動をして過ごしましょう。

●午睡をする子ども
長時間保育の場合や、体力がない、体調が悪いなどの理由で午睡が必要な子どももいます。午睡をしない子どもとコーナーを分けます。午睡をしない子どもも、自分から眠たいと言ってきたらふとんを用意します。どちらも選べるように活動のスケジュールを組んでおきます。午睡の準備、後片づけは自主的に行えるようになります。

●午睡後の過ごし方
午睡時間が終わったら、おやつの時間になります。部屋を明るくして、午睡（休息）と活動時間とのメリハリをつけましょう。そして、子どもがテーブルを拭く、お茶やおやつを配るなど、自主的に取り組めるようにします。

睡眠の大切さを子どもに伝える

●睡眠の役割について話す
睡眠には、体の成長を促し、体調を整え、昼間覚えたことを記憶として定着させるなど、重要な役割があります。そのため、たくさん眠ることが必要です。テレビやゲームなどで夜ふかしをしてはいけません。夜は早めに寝るように、ペープサートなどを使って子どもに伝えていきましょう。

🏠 保護者との連携
早寝早起きのために
寝つきをよくして、ぐっすり眠るためには、脳からメラトニンというホルモンが分泌されることが重要です。メラトニンは朝の光を浴びて14時間後に分泌が始まり、夜は暗くなればなるほど分泌量が多くなります。夜に明るい光の下でいつまでも起きていると、メラトニンが十分に分泌されず、寝つきが悪くなり、朝も起きられない原因に。メラトニンには免疫力を高めるなどの働きがあり、健康のためにも重要です。子どもが寝る部屋ではテレビも電気も消し、暗くして寝かしつけるように保護者にも伝えましょう。

[生活習慣] **5歳の 着脱**

気温や体温の変化に合わせて、衣服の調節ができるようになります。靴ひもなどの結び方も練習しておきましょう。

自分で衣服を調節する

●**気温や活動によって衣服を調節する**

気温の変化に合わせて、寒いときは1枚重ね着して、暑いときは1枚脱ぐなど、**自分で衣服の調節ができる**ようになります。

上着は肩部分を両手で持ち、腕を回して肩にかけ、片袖ずつ腕を通して入れることができるようになります。ファスナーの開閉も可能になります。

●**汗をかいたときに自分で着替える**

汗をかいたときは、自分から着替える姿も見られるようになります。自分からなかなかできない子どもには、「汗かいてるよ」「上着を脱ごう」と声をかけていきます。そのままでいると不衛生なことや、汗が蒸発するときに体が冷えて風邪を引きやすくなることなど、その理由も伝えましょう。

また、外遊びなどで体を動かすときは、伸縮性がある衣服が動きやすいなど、それぞれの活動には適した衣服があることを伝えていきます。

●**身だしなみを意識する**

着替え終わったら、鏡の前で襟が折れていないか、肌着がズボンからはみ出していないかなどをチェックして、身だしなみを整えることを習慣づけていきます。

🏠 **保護者との連携**

季節に合わせた衣服の用意を

気温や体温に合わせて衣服を調節できるように、季節に合わせた着替えを用意してもらいます。伸縮性があって活動しやすく、着脱しやすいものをそろえてもらうように伝えましょう。

ひもの結び方を覚える

●**生活に必要なひも結び**

手指の操作が発達する5歳で身につけておきたいことのひとつがひもの結び方です。お弁当箱を包む、靴ひもを結ぶ、リボンを結ぶなど、生活の中で必ず必要になってきます。

なかなかひもが結べない子どもには、色が違う2本の太めのひもを用意し、色を示しながら説明するとわかりやすいです。

5歳の 清潔

自分の身だしなみには、指摘されなくても気づくようになります。引き続き、うがい、手洗い、歯みがきの習慣づけを行います。

身だしなみと清潔に気をつかう

●自分や友だちの身だしなみに気づく

他者の目を意識するようになることで、自主的に**身だしなみに気をつける**ようになります。トイレ後の身だしなみはもちろん、登園前に髪をとかしたり、髪の長い女の子は三つ編みにするなど、おしゃれにも関心が出てきます。**友だちの衣服の汚れを指摘**するようにもなります。

●手洗いやうがいを習慣づける

感染症予防のために、戸外から帰ったときや食事の前などの機会に、手洗い、うがいをするように声をかけていきます。

言葉かけ のヒント

5歳になっても「えらいね」のひと言を

自主的に手洗い、うがいをするようになっても「あたりまえ」と思わずに、「よくやってるね」「えらいね」とひと言声をかけましょう。成長してからも、ほめられることで意欲が高まります。

きちんと歯をみがく

●歯みがきの大切さを伝える

歯が乳歯から永久歯へと、どんどん生え変わっていきます。絵本やペープサートなどで虫歯ができる原因やプロセスを伝え、虫歯予防には歯みがきが大切であることを話していきましょう。

歯みがきにも慣れてきた頃です。みがき方が自己流にならないように、歯ブラシの使い方・みがき方、みがくルートなどをくり返し伝えていきます。

みがき残しを自覚できるように、子ども用の歯垢染出剤を使ってチェックをしてみるのもよいでしょう（歯垢染出剤はドラッグストアなどで購入できます）。

家庭でも食後と就寝前には必ず歯みがきをするように、保護者と連携していきます。

■みがくルート

ルートを決めて、途切れないようにみがいていく。

役立つ！ ひとくふう

歯の汚れを見てみる

透明のコップに水を入れ、歯をみがいたら、その中で歯ブラシを洗います。水が濁ってくることで、歯が汚れていたことがわかります。歯垢染出剤を使って歯垢を赤く染める方法もあります。

[生活習慣]

自分の持ちもの、共有のものを管理する

●自分の持ちものを管理する

5歳頃には、自分の持ちものを自分で管理できるようになります。着替えた衣服をたたみ、自分の棚に置いたり、持ち帰るものはバッグに入れるなど、決められた場所にしまうことができます。

自分の持ちものと他人の持ちものの区別がつきにくい子どもには、持ちものに目印となるシールを貼るように保護者にも協力してもらいます。子どもは保護者とシールを貼る作業をともにすることで、「自分のもの」という愛着がわいてきます。

●共有のものを管理する

自分たちで使うおもちゃや生活に必要なものを取り出しやすいように、自分たちで片づけの環境をつくれるようになります。

たとえば、引き出しの中は、牛乳パックで仕切りを作り、ごっこ遊びのエプロンやスカーフなどを収納します。また、段ボールでボール置き場を作ることもできます。

■引き出しの中

牛乳パックで仕切りを作って整理させる。

積極的に掃除に取り組む

●身近な場所を掃除する

自分たちが過ごす保育室、みんなで使う遊戯室や園庭の掃除ができるようになります。掃除道具の使い方を伝えて、当番活動などで積極的に掃除に取り組む姿勢をバックアップしましょう。

■掃除のポイント

①ほうきとちりとりの使い方
ほうきの柄を右手を上、左手を下にして持つ。穂先は一定方向にはき、ごみをまとめたら、片方の手でちりとりを持って、ほうきでごみを入れる。

②ぞうきん・ふきんの絞り方
ぞうきんは四つ折りにして、右手と左手を逆方向にねじり、水がしたたり落ちなくなるまで絞る。

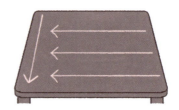

③テーブルの拭き方
テーブルの奥から手前へと順番に、右端から左端まで拭く。ごみは左側に寄せる。仕上げに左端を奥から手前まで拭いて、ごみを取る。

6歳の発達

- 6歳の発達のようす ……………………………… 186
- 6歳の生活習慣 …………………………………… 192

6歳の発達のようす

6歳の からだ の発達

発達の目安
- ☐ 身長が出生時の2倍を超え、6頭身になる
- ☐ 運動機能の発達で、高度な運動が可能になる
- ☐ 手指の機能が向上して詳細な絵が描ける

全身運動がなめらかになり高度な動きも可能になる

●体の発育

6歳頃には、甲状腺や副腎の重量が増すことで、成長ホルモンの分泌が増加し、**平均体重が男子21.3kg、女子20.8kg**（平成26年度文部科学省学校保健統計調査より）となり、出生時のおよそ6倍に達します。**平均身長は男子116.5cm、女子115.5cm**（同）で出生時の2倍を超え、6頭身になります。**視力は1.0～1.2**に達し、ものの見え方は大人と同程度となります。**嗅覚が最も鋭くなる時期**で、周囲の世界に対する感受性も鋭敏になってきます。乳歯から**永久歯への生え変わり**が進み、第2生歯期に向かいます。

●背筋力と柔軟性が増す

全身運動がなめらかで巧みになり、活発に動き回るようになります。背筋力が増して、背筋をのばした姿勢がとれるようになります。柔軟性も高まり、脚をのばして座り、上体を倒して脚につけたり、立ったままで上体をかがめ、手を足先につけられるようになります。

●姿勢コントロールで高度な運動も可能に

姿勢のコントロールが身につき、走りながら片足跳びや体のひねりを加えられるようになり、**連続片**

■ 柔軟性が高まる

柔軟性が高まり、脚をのばして座り、上体を倒して脚につけたり、立ったままで上体をかがめ、手を足先につけられるようになる。

■ 高度な運動が可能になる

連続片足跳び、交互片足跳び、連続スキップ、ジグザグ走りなど高度な運動のほか、鉄棒、なわとび、跳び箱の開脚跳びなども上達する。

柔軟性が高まり、全身運動がなめらかで活発になってきます。仲間との集団活動によって、自主性や社会性が身についてきます。ひらがなで読み書きができる子どもが増え、話し方も大人びてきたり、年長児としての自信にあふれてきます。

足跳び、交互片足跳び、連続スキップ、ジグザグ走りなど高度な運動ができるようになります。また、**ボールをつきながら走る、蹴る、キャッチする**といった動きも巧みになり、球技がもっと面白くなってきます。**鉄棒の逆上がり・前回り、竹馬、棒のぼり、なわとび**なども上達し、**跳び箱の開脚跳びやタイヤの連続跳び**もできるようになります。補助輪のない自転車に乗れるようになる子どもも現れます。

手指の機能が向上し詳細な描写ができるようになる

●人物画を詳細に描く

手指の機能がさらに向上して、**お絵かきではえんぴつでの表現も的確にできるようになり、細かい描写も可能**になってきます。人物を描くときは、髪の毛、眉毛、瞳、首、服、靴など詳細に描くようになります。横向きでは、目、眉毛、耳、手足などはひとつだけ描きます。後ろ向きであっても、ほぼ正確に描けるようになります。

●家族や自分の成長を描き分ける

家族の絵では、それぞれの特徴をとらえながら、全員を描くことができるようになります。また、自分の成長過程を小さかったときは「小」、現在の姿は「中」、大人になった姿は「大」と、大きさを変えて描き分けられるようになります。

自宅から園までの道順について、その途中にある目印を交えながら、描けるようになります。

●共同で制作ができる

自由に絵を描くときは、場所、テーマ、季節や天気などの条件を決めて、楽しかった出来事などを再現できるようになります。物語性のある表現をすることもあります。**共同制作も役割を持って進めること**ができるようになり、最後に「出会い」「運動会」「春」など、タイトルをつけたりします。

また、空間的な三次元の理解が進むことで、ブロックや積み木などは、あらかじめ完成形を予想してから作り始めるようになります。

■人物を詳細に描ける

手指の機能が向上し、えんぴつでの表現も的確になる。人物を描くときは、髪の毛、眉毛、瞳、首、服、靴など詳細に描くようになる。

Q&A こんなときは？

Q. 運動が苦手な子どもには、どう指導すればよいでしょうか？

A. その子どもに合った目標を立てましょう

6歳頃は、苦手なことにも一生懸命に取り組む姿が見られます。跳び箱やなわとび、鉄棒など個人で取り組む運動は、その子どもが到達しやすい目標を設定します。細かい目標をひとつずつクリアしていくスモールステップで、自信と意欲を高めていきましょう。

6歳 の発達のようす

6歳の こころ の発達

発達の目安
- ☐ 昨日・今日・明日の連続性を理解できる
- ☐ 比較する基準がわかり、分類ができる
- ☐ 共同制作に取り組める

> 協調性が養われ
> 共同制作にも取り組める

●**少し先をイメージして準備できる**

昨日・今日・明日がつながっていることを理解して、**少し先のイベントや目標をイメージできる**ようになります。それに向けて、やるべきことを準備したり、段取りを考えられるようになります。「××ができるようになりたい」という夢を持ち、関連したことに自主的に取り組むようになります。

●**比較する力が育つ**

比べる力が育ってきます。大きさや長さについて比較して、複数のものを大きいものから小さいものへと**順に並べる**ことができるようになります。

また、共通の特徴や違うところがわかり、**分類の基準が持てる**ようになります。

●**自分の中に大事なルールを持つ**

自意識が高まり、**身近な人の特性や持ち味などに気づく**ようになります。また、周囲の大人を観察し、批判したり、意見を言ったりすることもあります。これらの言動から、**「大人っぽくなった」**という印象を持たれるようになります。

●**共同制作に取り組む**

友だちと役割分担をしたり、協力してやりとげることに喜びを感じて、お互いに教え合ったり助け

■ 比較する力が育つ

比べる力が育ち、大きさや長さ、重さなどについて比較できるようになる。たとえば、複数のものを大きいものから小さいものへと順に並べられる。

■ 共同制作に取り組める

友だちと役割分担をし、協力してやりとげることに喜びを感じ、お互いに教え合ったり助け合ったりしながら、共同制作に取り組める。

合ったりする姿も見られるようになります。**共同制作にも取り組める**ようになります。

● ストーリー性のある本を楽しむ

ストーリー性のある本を楽しむようになります。結末のどんでん返しも理解できるようになり、読み聞かせにおいても、長い物語を集中して聞くことができるようになります。気に入った物語では、**主人公と自分を同一視**しながら楽しんだりもします。自分でストーリーを考え、紙芝居や絵本にしたりする子どもも現れます。

> 就学に向けて
> 子どもの自信を育む

● 公共のマナーを身につける

友だちの家に一人で出かけるなど、活動範囲も広がってきます。この頃には、「赤信号で止まり、青信号で進む」「歩行者は右側を歩く」などを理解し、**交通ルールを守れる**ようになります。

一人で切符を買い、電車やバスに乗れるようにもなります。遠足などの園外活動の機会に、電車やバスなどの**公共交通機関を利用するときのマナー**を伝えていきましょう。

● 就学に向けて

子どもは、小学校入学に対して、「小学校へ行ったら、もっといろいろなことができる」という期待を抱く一方、漠然とした不安を持っているものです。最近では、小学校生活になじめない子どもも増えていますが、**「自分は認められている」**という安心感があれば、新しい環境にもすんなりとなじんでいけるものです。

園の行事や集団活動を通して、目的の達成感、自主性、友だちとの協調性を育み、自信や思いやりが持てるようにしていきます。

また、給食、掃除、飼育などの**当番活動や係活動**により責任感を育むなど、小学校生活に期待を持ち、入学が楽しみになるような援助をしていきましょう。

■ 交通ルールを守れる

活動範囲が広がり、「横断歩道は青で渡る」「歩くときは右側通行」など自主的に交通ルールを守れるようになる。

Q&A こんなときは？

Q. 当番活動をいやがる子どもがいます

A. 当番の必要性を感じられるようにしましょう

当番活動は、自分からやってみたいと思うモチベーションや使命感が持てると、スムーズに行えるものです。まず、給食当番、飼育当番、あるいは欠席者を記録する係など、どんな当番がしたいのかを話し合ってみます。そして、「お休みの子がわからないと、先生が困るな」など、生活の中で必要性を感じられる話をして、モチベーションを高めてみましょう。

6歳

6歳 の発達のようす

6歳の ことば の発達

発達の目安
- ☐ 話すときは6語前後の言葉を並べる
- ☐ ひらがなの読み書きに興味を持つ
- ☐ 数字に関心を持ち、1時間単位で時刻を理解する

大人と同じ口調で話し、文字や数字に興味を持つ

●6語前後の言葉を並べて話す
語彙数は3,000語ほどに達します。基本的な文法が完成し、**話すときは6語前後の長さ**になります。物事の根拠として、理屈を並べて説明しようとします。また、子ども同士で共通の話題について話し合ったり、内緒話ができるようになります。

●相手によって話し方を変える
大人には大人と同じような口調で、友だちとはふだんの口調で話すなど、**相手によって言葉を使い分けられる**ようになります。就学に向かって、公的な場所や人前では「です」「ます」調で話せるように指導していきます。

●文字の読み書き、数字に興味を持つ
文字を読んだり書いたりすることに興味を持つようになり、看板などの文字を見て、「何て読むの？」と質問したりします。ひらがなの読み書きができる子どもは、目の前にいない人とコミュニケーションをとるために、**手紙やメモを書く**ようになります。経験したことや想像したことをひとつにまとめて、ストーリーをつくる子どももいます。数字への関心も高まり、**時刻を1時間単位で理解**でき、**20〜30程度の数を唱える**ことができるようになります。

■ 言葉を使い分ける

大人には大人と同じような口調で、友だちとはふだんの口調で話すなど、相手によって言葉を使い分けられるようになる。

■ 文字に興味を持つ

文字を読んだり書いたりすることに興味を持つようになる。目の前にいない人とコミュニケーションをとるために、手紙やメモを書くようになる。

6歳の 人とのかかわり の発達

発達の目安
- ☐ 集団活動で自分の意見を主張する
- ☐ 集団生活における主体性や協調性を学ぶ
- ☐ 特定の仲良しの友だちができる

友だちとの関係が深まり 仲間はずれも起きる

●**集団活動から主体性、協調性を学ぶ**

集団の活動で、何かを達成することで、喜びを感じる時期です。運動会や劇の発表会などでは、主張すべきところは主張するけれど、目的の達成のためには、やりたくない役割でも引き受けなければならないなど、ゆずらなければならない場面も出てきます。こうした葛藤を乗り越え、集団活動における**主体性や協調性**を学んでいきます。

保育者は、役割を分担し、教え合い、助け合う心が養われるように援助していきます。

●**親友ができるが、仲間はずれも起きる**

集団で遊ぶことが楽しくなり、友だちと過ごす時間が長くなってきます。その中で、**特定の友だちと仲良くなって「親友」ができ始め、行動をともにする**ことも多くなっていきます。一緒にいることで安心感を抱くのです。相手の気持ちを考えられる一方、自己主張し合う関係を育んでいきます。

また、友だちに好かれる子ども、好かれない子どもが現れ、グループ内で**仲間はずれが起きる**ことがあります。その要因は成長段階での関係性の変化などですが、保育者は仲間はずれが起きる可能性を予測し、早めに介入することが大切です。

■ 親友ができる

特定の友だちと仲良くなって「親友」ができ始め、行動をともにすることも多くなっていく。相手の心を理解し、気持ちに寄り添うこともある。

Q&A こんなときは？

Q. 文字に興味を示さない子どもにはどのような指導をすればよいでしょうか？

A. 生活の中に文字を取り入れましょう

生活の中に遊び感覚でひらがなを取り入れてみます。園にある樹木に名札をつけたりして、文字への興味を引き出します。ひらがなの表を保育室に掲示しておくと、ものの名前の書き方などに関心が出てきたときに、いつでも確かめられます。かるた遊びなど、文字を見る機会を増やすのもよいでしょう。

[生活習慣] **6歳の 食事**

就学に向けて、給食当番を経験させましょう。偏食せずに何でも食べる、時間内に食べ終える、といった習慣も身につけていきます。

給食当番に取り組む

●給食当番で役目を果たす達成感を

6歳頃には、人の役に立つ喜び、役目を果たす満足感を持つようになります。**給食当番**で年少児、年中児クラスの**食事準備**に取り組んでみましょう。

給食当番の仕事には、テーブルを拭く、食器やお茶を配る、献立を読み上げる、「いただきます」の声かけをするなどがあります。たとえば、お茶を配る場合、はじめはコップの数やお茶を入れる分量を少なくするなど、達成しやすいように段階を踏んで進めていくとよいでしょう。

援助のポイント
- ☐ 手順を明確に伝える。
- ☐ 役割分担を子どもたちに話し合いで決めさせる。
- ☐ 時間内に終わるように意識づけする。
- ☐ エプロンの片づけ方なども決めておく。

環境構成のポイント

当番活動がひと目でわかるように
活動の手順はイラストにして壁に掲示しておきます。手を洗うことからスタートして、エプロンをたたんで片づけて終わるなど、特に最初と最後を明確にしておきます。

好き嫌いをなくしていく

●偏食せずに、時間内に食べ終わる

これまで偏食しないように、苦手な食べものでも食べられるようにはげましてきました。小学校でも給食になる場合は、味付けやメニューが変わることでとまどうこともあるかもしれませんが、引き続き**どんな食べものでも食べられるように保護者と連携**していきます。

また、ほかの子どもと食べるペースを合わせ、時間内に食べられるように伝えていきましょう。

時間内に食べ終わるように伝える。

6歳の排せつ

排せつは自立しますが、小学校の活動時間に合わせて、活動の節目にトイレに行く習慣づけを行っていきましょう。

小学校の活動に合わせた排せつを習慣づける

●就学に向かって排せつのコントロールを

排せつは自立し、トイレに間に合わないといったこともなくなってきます。これまでは行きたいときに自由にトイレに行けましたが、小学校へ上がればそういうわけにもいきません。授業と授業のあいだにトイレに行けるように、**活動の前後にトイレをすませる習慣づけ**を行っていくとともに、**排せつのコントロール**についても伝えておきます。

また、トイレ後に手を洗う、便器や床を汚さないようにするなど、トイレのマナーについても、きちんと習慣づけられるように見守っていきましょう。

■和式トイレの使い方

便器を中央でまたぎ、ズボンとパンツを下ろしたらしゃがんで、ズボンやパンツを膝のあたりで持つ。

> 🏠 **保護者との連携**
>
> **和式トイレを使えるようにする**
>
> 家庭でも園でも洋式トイレしか使ったことがない子どもが増えています。小学校によっては和式トイレの場合もあり、また校外活動で使うことも考慮し、和式トイレの使い方を覚えておくように保護者にも伝えましょう。

6歳の睡眠

就学に備えて、午睡をしない生活に切り替えます。その分、夜間に睡眠時間の確保ができるように、保護者と連携していきます。

午睡をしない習慣づけをする

●家庭では早寝を心がける

6歳頃には、就学に向けて、**午睡をしない習慣**をつけていきます。その時間も個々の子どもの状況に合わせ、主体的に活動できる時間とします。6歳の1日の必要睡眠時間は9〜11時間です。午睡で睡眠を確保できない分、夜は早めに就寝するように保護者にも伝えていきます。

規則正しい睡眠をとるように伝える。

[生活習慣] **6歳の 着脱**

気温や体温に合わせて着脱するなどの衣服調整の基本や身だしなみ、衣服の管理などができているか、見守っていきましょう。

着脱の基本、身だしなみに気を配れるように

● **着脱の基本を確認する**

鏡に自分を映して、身だしなみが整っていることを確認する習慣づけをしていきます。気温や体温に合わせて、正しく着脱ができているかどうかなど、衣服調整の基本的な知識を教えていきましょう。

また、脱いだ衣服はきちんとたたんで、指定の場所に置くといった着脱の流れについても、身につくように指導していきます。

イラストを使って着脱の基本を伝える。

6歳の 清潔

次の活動を見通して自主的に片づけができるようになります。自分のものの管理がきちんとできるように伝えていきます。

片づけ、自分のものの管理を徹底

● **自主的な片づけ、管理ができているかを確認**

見通す力がついているので、**一日の活動スケジュールを知らせておく**ことで、次の活動を楽しみにして、自主的に片づけられるようになります。その姿を認めて、「えらいね」「よくできたね」と声をかけましょう。

就学に向けて、**時間を意識して活動**できるように知らせていきます。また、着替え用の衣服、製作物など**自分のものの管理**がきちんとできるように引き続き伝えていきます。

> 🏠 **保護者との連携**
>
> **洗髪やつめ切りが一人でできるように**
>
> 家庭では、一人で洗髪をしたり、つめが切れるようにするなど、「清潔の自立」を促すように伝えましょう。また、就学後に備え、ハンカチ、ティッシュの携帯に協力してもらいます。

一人で洗髪させるように伝える。

索引

[あ]
後追い ………………………… 46、55
移行持ち …………………… 117、138
一人称 ………………………… 132
イメージ的な思考 ……………… 130
色の認識 ………………………… 75
ウルトラディアン・リズム（超日周期）
………………………………… 19
エピソード記憶 ………………… 151
おすわりの介助 ………………… 30
お手伝い …… 109、130、131、139、173
音の聞き分け …………………… 75
おまる …………………………… 63
おむつかぶれ …………………… 62
おむつ交換 …………………… 61、62
おむつを外す …………………… 93
思いやり ……………………… 134
音声模倣 ………………………… 45

[か]
片づけ ……… 100、122、144、166、194
カミカミ期 ……………………… 60
かみつき ………………………… 89
かんしゃく ……………………… 77
感染症 …………………………… 70
休息スペース ………………… 163
競争意識 ……………………… 158
協調性 ………………………… 191
共同制作 …………………… 187、188
共同注意 ………………………… 44
共鳴動作 …………………… 21、24
クーイング ……………………… 25
クッキング保育 ……………… 161
靴の選び方 ……………………… 67
首すわり ………………… 18、28、29
ゲップ …………………………… 56
ケンケン …………………… 124、125
原始反射 …………………… 20、24、28
誤飲 ……………………………… 34、51
向上心 ………………………… 158
心の杖 …………………… 150、151
固視 …………………………… 21
午睡のコントロール …………… 65
ゴックン期 ……………………… 58
ごっこ遊び ……… 109、114、136、137

[さ]
3か月コリック ………………… 33
三色食品群 …………………… 160
三大栄養素 …………………… 178
自意識 …………………… 150、156
自我 ………… 76、80、88、89、106、150
自我の拡大 …………………… 106
自我の充実 …………………… 108
視覚的共同注意 ………………… 52
自己主張 …………… 52、106、107、114
自己の認識 ……………………… 86
自己免疫 ………………………… 42
自制心 ………………………… 149
自他の分離 ……………………… 80
質問期 …………………… 112、133
社会的微笑 …………………… 24、33
集団遊び …………………… 156、157
執着 …………………………… 106
主体性 ………………………… 191
授乳の仕方 ……………………… 56
象徴機能 ………………………… 78
初語 …………………………… 53
随意運動 ………………………… 28
好き嫌い …………………… 91、131
生理的微笑 ………………… 21、24、33
せきエチケット ……………… 165
卒乳 …………………………… 48

[た]
多語文 ………………………… 112
たそがれ泣き …………………… 33
短期記憶 …………………… 43、44
探究心 ………………………… 37
探索行動 …………………… 34、47
抽象語 ………………………… 132
調乳の仕方 …………………… 57
追視 …………………… 21、32
つかまり立ち ………… 48、49、73
伝い歩き ………………… 49、73
トイレトレーニング …………… 93、94
頭足人 ………………… 126、127、148
独語 …………………………… 113

[な]
喃語 ………………………… 35、45、53

2語文 ……………………… 87、110
乳児体型 ……………………… 72、73
乳幼児突然死症候群（SIDS）…… 64
寝返りの介助 ………………… 29、30

[は]
ハイハイ ………………… 40、48、49、66
歯固め ………………………… 39
8か月不安 …………………… 46
歯の掃除 ……………………… 69
歯みがき…… 70、74、99、143、166、183
パラシュート反応 ……………… 50
ハンドリガード ……………… 22
非対称性緊張性頸反射 ………… 19
否定語 ………………………… 88
人見知り ……………………… 46
一人遊び ……………………… 81
一人歩き ……………………… 73
一人じゃんけん ……………… 126
平行遊び ………………… 81、114、156
平衡感覚 ……………………… 168
母体免疫 ……………………… 42
ホッピング反応 ……………… 50
ボディケア …………………… 69

[ま]
身だしなみ ………… 164、182、183、194
見立て遊び ……………… 78、105、131
見通す力 ………… 129、151、170、174
毛布テスト …………………… 64
モグモグ期 …………………… 59
沐浴 …………………………… 68
ものの永続性の理解 …………… 43
模倣行動 …………………… 54、78
問題解決 ……………………… 177

[や]
夕暮れ泣き …………………… 33
指しゃぶり …………………… 31
幼児体型 ……………………… 72、73
夜泣き ………………………… 34

[ら]
リーチング …………………… 31

●監修
鈴木洋（すずき　よう）
信州大学医学部卒業。東京大学医学部助手、愛育病院新生児科部長を経て東京都墨田区に「鈴木こどもクリニック」を開業。南米等諸外国に住む日本人親子の診療等にもかかわり、現在も海外からの育児相談に電話で対応している。新聞や雑誌で育児に関する記事等連載。著書に『ぞうさん先生の子育てトーク』（毎日新聞社）、監修に『はじめての育児 0〜3歳』（西東社）など

●監修
鈴木みゆき（すずき　みゆき）
お茶の水女子大学大学院家政学研究科児童学専攻修了。保育学、睡眠学を専門とし、子どもの発達と生活リズムをテーマに研究をしながら、幼稚園教諭・保育士等の養成にかかわる。著書に『早起き・早寝・朝ごはん』（芽ばえ社）、『0歳児の保育資料』（ひかりにのくに）、監修に『はじめての育児 0〜3歳』（西東社）など

カバーデザイン	安楽豊
カバーイラスト	市川彰子
本文デザイン	中田聡美
本文イラスト	おおしだいちこ
	かつまたひろこ
	川添むつみ
	さとうゆか
	さややん。
	中小路ムツヨ
	もりあみこ
編集協力	岩井智彦（株式会社桂樹社グループ）
執筆協力	海老根祐子
	菅村　薫
	三島章子
企画編集	小堺円香（株式会社ユーキャン）
プロデュース	安達正博（株式会社ユーキャン）

正誤等の情報につきましては『生涯学習のユーキャン』ホームページ内「法改正・追録情報コーナー」でご覧いただけます。
http://www.u-can.jp/book

●参考文献
『やさしくわかる 月齢別 育児のきほん事典』（西東社）
『保育に役立つ！ 子どもの発達がわかる本』（ナツメ社）
『発達がわかれば子どもが見える』（ぎょうせい）
『発達がわかれば保育ができる！』（ひかりのくに）
『0〜5歳児の発達と援助がわかる生活習慣百科』（ひかりのくに）
『0〜5歳児の発達と保育と環境がわかる本』（ひかりのくに）
『イラストでよくわかる0〜6歳児の発達と保育』（成美堂）
『幼児期の発達と生活・あそび』（ちいさいなかま社）
『こんなときどうする？　3・4・5歳児』（チャイルド本社）

U-CANの保育スマイルBOOKS
U-CANの子どもの発達なんでも大百科
2016年11月4日　　　初 版 第1刷発行

編　者	ユーキャン学び出版 スマイル保育研究会
発行者	品川泰一
発行所	株式会社　ユーキャン 学び出版
	〒169-0075
	東京都新宿区高田馬場1-30-4
	Tel. 03-3200-0201
発売元	株式会社　自由国民社
	〒171-0033
	東京都豊島区高田3-10-11
	Tel. 03-6233-0781（営業部）
印刷・製本	望月印刷株式会社

※ 落丁・乱丁その他不良の品がありましたらお取り替えいたします。お買い求めの書店か自由国民社営業部（Tel.03-6233-0781）へお申し出ください。

© U-CAN,Inc.2016 Printed in Japan

本書の全部または一部を無断で複写複製（コピー）することは、著作権法上の例外を除き、禁じられています。